版权声明

First published by Teachers College Press, Teachers College, Columbia University, New York, New York USA.

Copyright © 2015 by Teachers College, Columbia University.

All rights reserved. No part of this publication may be reproduced or transmitted in any form or by any means, electronic or mechanical, including photocopy, or any information storage and retrieval system, without permission from the publisher.

保留所有权利。非经中国轻工业出版社"万千教育"书面授权，任何人不得以任何方式（包括但不限于电子、机械、手工或其他尚未被发明或应用的技术手段）复印、拍照、扫描、录音、朗读、存储、发表本书中任何部分或本书全部内容。中国轻工业出版社"万千教育"未授权任何机构提供源自本书内容的电子文件阅览、收听或下载服务。如有此类非法行为，查实必究。

Exploring Mathematics Through Play
in the Early Childhood Classroom

当数学成为儿童的游戏
——在玩中学数学

［美］埃米·诺埃尔·帕克斯（Amy Noelle Parks） 著
刘小娟 译

中国轻工业出版社

图书在版编目（CIP）数据

当数学成为儿童的游戏：在玩中学数学／（美）埃米·诺埃尔·帕克斯（Amy Noelle Parks）著；刘小娟译. —北京：中国轻工业出版社，2022.3（2025.1重印）

ISBN 978-7-5184-3689-7

Ⅰ.①当⋯ Ⅱ.①埃⋯②刘⋯ Ⅲ.①数学课－学前教育－教材 Ⅳ.①G613.4

中国版本图书馆CIP数据核字（2021）第225224号

责任编辑：张天怡　　责任终审：张乃东
策划编辑：张天怡　　责任校对：刘志颖　　责任监印：吴维斌

出版发行：中国轻工业出版社（北京鲁谷东街5号，邮编：100040）
印　　刷：三河市双升印务有限公司
经　　销：各地新华书店
版　　次：2025年1月第1版第3次印刷
开　　本：710×1000　1/16　印张：9.5
字　　数：70千字
书　　号：ISBN 978-7-5184-3689-7　定价：52.00元

读者热线：010-65181109
发行电话：010-85119832　010-85119912
网　　址：http://www.chlip.com.cn　http://www.wqedu.com
电子信箱：1012305542@qq.com

版权所有　侵权必究
如发现图书残缺请拨打读者热线联系调换

242062Y1C103ZYW

译 者 序

作为在幼儿园从业十多年的一线教师,我深刻地体会到:在幼儿园课程改革的过程中,曾出现"教学"与"游戏"这两种不同教育主张的"钟摆式"博弈,导致幼儿园课程的实施在教学与游戏之间左右摇摆。"游戏是幼儿教育的基本形式"无可厚非,随着教学改革的不断深入,幼儿园游戏化教学受到人们的广泛关注。游戏与幼儿园数学教学的融合有其独特价值,探索幼儿园数学教育改革的路径,思考如何将数学知识与游戏化教学方式结合起来开展幼儿园数学教育活动,是教育者应当关注的问题。

如同本书作者埃米·诺埃尔·帕克斯(Amy Noelle Parks)所提倡的,儿童的游戏是数学教育的资源宝库,它既可以是数学教育的经验背景(第4章、第5章、第6章),有助于教师分析儿童积木游戏、拼图游戏、娃娃家游戏等各种游戏中蕴含的数学核心经验;也可以是数学教育的手段(第8章),有助于使正式课堂变得有趣;还可以改进儿童数学能力的评价方式(第9章),有助于教师在儿童游戏中开展评价工作,让儿童以放松的状态展现自己真实的数学能力。在整个研究的过程中,作者不断向我们强调这样一种认知:在将儿童数学教育转化为具有游戏特征的活动的过程中,教师需要把握数学核心经验,关注儿童的情感与体验,在适当的时候合理干预儿童的游戏,并注重游戏在数学课程中的渗透,从而实现数学游戏化教学的重要价值。

另外，还有一点值得读者期待。埃米以美国的 K—5 学校[1]为主要研究对象，同时谈及 2.5—5 岁儿童的数学学习，因此书中的观点与内容对我们思考儿童数学教育在托幼衔接、幼小衔接阶段的问题具有启发意义。中美教育不无差异，首先在学制上两国就有所不同。例如，美国小学设有学前班（因此书中指地点时所用的"学校"一词既指幼儿园，又指小学），招收 5—6 岁的儿童，相当于我国的幼儿园大班。为便于读者理解，我在翻译过程中对照美国的学制采用我国的相应说法，如用"幼儿园大班"代表美国的"学前班"。但是就儿童数学教育而言，我们可以达成共识：在学龄前和小学低年级阶段的数学学习中，知识与技能并不是第一位的，兴趣和自信心才是最关键的。数学是一门有很强的系统性和逻辑性的学科，儿童对数学有浓厚兴趣，才会全神贯注地学习，才会千方百计地想办法去认识和解决数学问题。因此，在此阶段，教师和家长应该做的是：第一，培养儿童主动学习的愿望和兴趣；第二，有意识地营造活跃的学习氛围，创设生动有趣的学习情境；第三，引导儿童从不同的角度观察、思考、解决数学问题。这一内容在本书第一部分的前三章中就已直接体现，在后面的章节中更是被反复强调。

书中关于儿童数学游戏化教学的介绍，悉数是埃米亲历幼儿园及小学第一现场发现的教学问题及总结的教学经验，侧重从儿童的视角出发，结合了数学的学科特性，所以对于想改变教学方法或想解决数学游戏化教学疑惑的人，本书是很好的指引。

数学原本具有极强的逻辑性、严谨性，且专业词汇丰富，我在不偏离原著内容的原则下，尽量运用通顺、流畅、适合国内读者的词句，试图使读者阅读起来没有生硬、吃力的感觉。但愿读者在品读之余，更能体会数学学习与教学的乐趣，有所受益，这实为翻译此书之意义所在。

---

[1] 指美国学前班至小学五年级的 6 年制学校。K 是 Kindergarten 的简称，意即"幼儿园"，这里代表学前班，相当于我国幼儿园大班。——译者注

译者序

不论是幼儿教师还是小学教师，抑或是儿童家长，只要有机会和儿童一起玩耍，您都可以将本书的观点和态度应用到与儿童的互动之中，这是一本真正对读者有益且值得阅读的专业书。

在此，要衷心感谢西南大学实验幼儿园的教师和孩子们，他们为本书提供了精彩的图片，增强了内容的可读性和趣味性，特别感谢李文馨老师无私的支持和帮助。同时，本译著是重庆市教育科学"十三五"规划2017年度继续教育专项课题《基于问题学习的幼儿园乡村教师"国培"模式研究》（项目编号：2017-JJ-02）的成果之一，因此也要感谢项目和团队的支持。最后，感谢中国轻工业出版社万千教育编辑部的张天怡编辑鼓励我担当翻译重任，在翻译的同时，我也在复盘自身的数学教育与研究，这让我有机会与大洋彼岸的研究者"相逢"，与大洋彼岸的数学教育"相遇"，感谢！

受学识与精力所限，书中如有疏忽、不妥之处，欢迎读者批评、指正。

刘小娟
2021年7月

前　言

除非你是一名幼儿教育工作者，否则你真的无法理解这项工作有多么困难。就像大多数专家一样，有天赋的幼儿教师会让工作看起来很容易——拿出一些玩具来玩——就是这样，对吧？在本书中，埃米·帕克斯打开了一扇窗，让我们了解到，理智来看，以游戏为基础的项目是多么复杂。在命运的残酷转折中，本书来得正是时候。这些年，社会一直推崇儿童早期教育项目的重要性，造成人们对高质量教育项目投资巨大，而让早期教育真正与众不同的实践却被搁置一旁。在问责文化中，公众似乎在游戏和学习的概念之间竖起了一堵高墙，大多数小学最后都放弃了游戏。随着家长和政策制定者不断探寻能让他们的投资获得回报的学业活动，这种趋势正在渗透到幼儿园。

经过多年艰苦的实地考察，埃米记录了儿童是如何在游戏中融入数学的。她为游戏中儿童拍摄的照片和对儿童在游戏中互动的细致描述，帮助我们发现可以用普通的课程材料进行的有力思考。这些描述揭示了儿童游戏中蕴含的潜在学习，而不熟悉高质量儿童早期教育实践和不了解早期数学教育的成人很可能会错过这种学习。

同样重要的是，埃米还将这些描述与教师的儿童数学教学工作相结合。她为幼儿绘制数学地图，引导幼儿探索不同领域的知识，并将它们与材料、教学策略和措施联系起来，这些都可能丰富幼儿对数学的理解。这一过程的关键在于她有能力证明，以游戏为基础的教学不仅仅是准备好环境之后后退，也不是教师作为有知识的成人的表演。相反，以游戏为基础的教学和学习需要精心准备的环境，尊重儿童的自主权，同时支持他们发现新的学习情境。它还明确了哪些情况下需要更有能力的学习者用灵巧的手把儿童拉进其最近发展区，或者结构化的教学什么时候可能促进新的、不同的互动。

她做的这一切会让你觉得："哇，这东西一直在这里，我却没有看到。"它让早期数学教育变得真实、可行、有意义，即使对最害怕数学的人来说也是如此。对那些努力证明自己对游戏的投入是正确的教师来说，这是一剂解药。它会让你看起来更高，并且体重减轻4千克左右。当然这不是真的，但它是维果茨基（Vygotsky，1978，p. 102）的一个精彩观点："在游戏中，儿童的行为表现总是超过他的实际年龄，超过他的日常行为；在游戏中，他似乎比自己高了一头。"在人人都想领先的世界里，一种让儿童的学习成绩超过平均水平的教学模式应该会引人注目。这也适用于教师，因为游戏使教师有机会了解与众不同的儿童。

本书是我希望自己写过的书之一。它是智慧的、可读的、有意义的，并真正关注儿童的。谢谢埃米·帕克斯。我们都会因为你而收获成长。

伊丽莎白·格劳厄（Elizabeth Graue）

目　录

第一部分　为游戏创造时间和空间

第 1 章　导言　/ 3
　　什么是游戏，当你看到游戏时能发现它吗　/ 5
　　数学在哪里　/ 9

第 2 章　在多种情境中发现儿童的数学游戏　/ 13
　　调查学校中的数学游戏　/ 14
　　进行社区调查　/ 16
　　帮助家长　/ 17

第 3 章　在学校为数学游戏安排时间和空间　/ 23
　　安排时间　/ 24
　　有用的材料　/ 25
　　安排一日生活　/ 28

第二部分　突出游戏中的数学

第 4 章　用积木、拼图和娃娃学习几何标准　/ 35
　　几何学习的核心经验　/ 36
　　促进积木游戏　/ 37
　　拼拼图　/ 43
　　探索娃娃家游戏　/ 46
　　把积木、拼图和娃娃引入正式课程　/ 48

第 5 章　用游戏和玩具学习数字与运算标准　/ 55
　　数字学习的核心经验　/ 57
　　用玩具进行计数和比较　/ 59
　　支持比赛游戏　/ 62

第 6 章　测量标准：哪个更长，什么更多　/ 73
　　测量学习的核心经验　/ 73
　　可用于比较的玩具　/ 77
　　通过游戏理解单位　/ 79
　　有趣的测量课程，支持标准工具的使用　/ 80

第 7 章　数学实践　/ 83
　　数学实践是怎样的　/ 84
　　重点实践 1：理解问题并坚持解决问题　/ 88
　　重点实践 2：注重精确　/ 91
　　其他实践　/ 92

第三部分　使正式课程变得有趣

第 8 章　设计基于游戏的正式课程　　/ 97
　　　　游戏语言的数学化　　/ 97
　　　　根据儿童的探索分配任务　　/ 102
　　　　在正式课程中引入趣味性　　/ 106

第 9 章　评价中的游戏　　/ 113
　　　　通过观察进行评价　　/ 116
　　　　设计基于游戏的评价任务　　/ 121

第 10 章　结语　　/ 127

附录 A　游戏中的数学学习　　/ 133
附录 B　用于识别非正式数学学习的词汇　　/ 135
附录 C　观察表　　/ 136
参考文献　　/ 137

第一部分
为游戏创造时间和空间

第 1 章

导言

作为一名准教师,我的第一次求职面试是在一所 K—5 学校,应聘三年级教师。为了展示我在大学里学到的先进教育理念,我深入地阐述了将科学、艺术和积木游戏纳入常规课程的想法。我讲了一两分钟后,校长打断了我。

"是的,"他说,"这听起来很不错。如果我在找幼儿园老师,我就会很感兴趣。但是每所学校都有一个应该停止玩乐的年级,那就是三年级"。

当时我很愤怒,但现在,在从事幼儿教育近 20 年后,想起这个故事,我希望今天可以和更多的校长分享自己当时作为面试者时的教育观点。如今,许多小学甚至都没开始过好玩的学习生活,更不要说到三年级才停止。

在这个充斥着标准、考试、日程表、正式的观察、照本宣科式授课和核查表的时代,许多教师觉得游戏是一种在教室里负担不起的奢侈品。尤其是一直以来招收被边缘化的儿童的学校,那里的考试压力往往是最大的。

娃娃家、沙盘和积木曾经是早期数学教育的常用工具，但现在即使是4岁的孩子也越来越多地参加正式的阅读和数学学业成绩评价（Graue，2006；Miller & Almon，2009）。正如古洛和休斯（Gullo & Hughes）所写，"教与学的重点已经变成以内容为导向，以技能为基础，教师用传统的方法来评价。用教师制定的工作表等工具进行书面测试，已经成为评价儿童所掌握的特定技能和知识的常规做法"（2011，p. 324）。在儿童联盟（Alliance for Childhood）委托进行的研究中，研究人员发现，美国纽约和洛杉矶的幼儿园教师每天要将2～3小时用于读写教学、数学教学和备考工作，而用在组织"选择性"活动上的时间少于30分钟。在洛杉矶，1/4教师说，在教室里根本没有时间开展游戏（Miller & Almon，2009）。此外，许多教师知道，很多儿童的压力大，他们痛苦不堪，而且达不到设定的学业期望。

本书是写给教师的，他们既要达到社会对儿童数学成绩日益提高的要求，又要满足为孩子们提供人性化、快乐的学习和成长空间的教育期望。本书的目的是为大家提供具体的策略来推进游戏的开展，发现游戏中的数学，并设计支持儿童在游戏中探索的常规课程。

许多人的一种误解是：提供游戏时间与提升儿童的抽象推理能力、解决数学问题能力的期望是对立的。事实上，与传统课程相比，游戏为儿童解决非常规问题、学习坚持不懈、了解数学概念这三者之间的联系提供了大量机会。

我们来分析下面这个来自一所主要服务于低收入和少数族裔儿童的公立学校的幼儿园案例：在选择时间，克利夫和伊万来到他们每周玩两三天的建构区。今天，他们要一起用乐高积木填满一个大的正方形乐高底板，如图1.1所示。刚开始时，他们进行得很顺利；但没过多久，乐高底板上就只剩下一些奇形怪状的空间。伊万意识到很难在这层填放额外的乐高积木，就开始向上拼叠。然而克利夫阻止了他，说道："不，我们在这里拼。"克利夫拆除了伊万向上拼搭的乐高积木，然后选择一个狭长的长方形乐高积木,并通过旋转它来填充剩余空间。接下来,他抬头看着正盯着他的伊万,问他是否愿意帮忙。伊万同意了,在又观察了一会儿克利夫的做法之后,他沿着边界拆除了一些乐高积木,并重新定位,这样就可以在扩大的空间里进行填充。

图 1.1 两个男孩用乐高积木填满一个大正方形

现在,想一想下面的问题:

1. 克利夫和伊万在游戏中的互动是怎样的?换句话说,这种互动与儿童在学校里参与的其他常规活动中的互动有何不同?
2. 这个游戏里的数学在哪里(在有数学的情况下)?
3. 为什么对克利夫和伊万来说,在游戏中接触数学知识比在常规课程中更重要?

在简要概述其他内容之前,本文将对这些问题进行深入的讨论。

什么是游戏,当你看到游戏时能发现它吗

从表面上看,花时间定义游戏似乎没有必要甚至可笑。然而,在与执教教师和教学管理人员的合作中,我发现很多活动被误称为游戏,并且范围之广,令人惊讶。例如,以下列出的这些活动都被描述为游戏:

- 上课时用泰迪熊全麦饼干做图形
- 在体育课上踢球
- 在艺术课上绘画

- 在写作者工作坊中表演故事
- 在数学课上玩"钓鱼[1]"等纸牌游戏

以上所有活动可能对许多儿童来说都是愉快的，有益于身心且促进学习。然而，根据大多数的定义，这些活动都不能被认为是游戏，因为它们都不是由儿童自由选择的。尽管人们对于如何准确定义"游戏"还存在一些分歧，但几乎所有研究人员都同意，一项活动必须是儿童自愿的才能被视为"游戏"。

例如，利夫特和布卢姆（Lifter & Bloom，1998，p. 164）写道："游戏是由无意识的、自然发生的活动以及吸引注意力和兴趣的事物组成的。"伯格哈特（Burghardt，2011）提出了识别和定义人类游戏与动物游戏的5个标准。他写道，游戏是自发的或愉快的，它能发挥作用，与严肃行为不同，具有重复性且在没有压力的情况下发生。研究人员一次又一次地强调游戏的自发性、愉悦性和多样性。

这些定义突显了克利夫和伊万的互动中的一个可能不会立即显现出来的重要性质，它发生在选择时间。在这间幼儿园教室里，儿童每天有45分钟用于选择各种材料来操作，包括乐高积木、木质积木、美术用品、娃娃、拼图、厨房玩具和汽车玩具。除此之外，他们可以选择在材料上花多长时间，和谁一起玩。与常规课程中的乐趣不同，他们有权选择并决定任务、材料、同伴和目标。

给儿童提供做选择的机会至关重要。在某种程度上，克利夫和伊万之所以能坚持完成这项困难的任务，是因为这是他们自己选择的任务。特别是克利夫，他表现出了坚决完成既定任务的决心，而非重新设定任

---

[1] 英文为"Go Fish"，它是美国的一种纸牌游戏。儿童拥有若干纸牌，然后向其他儿童要纸牌配对，如 A 问 B "Do you have a Queen？"（你有王后吗？），B 如果有，就把这种纸牌给 A；如果没有就说"No, go fish."（没有，钓鱼。），游戏继续。——译者注

务，因为这更具有挑战性。此外，与完成那些看起来令人愉快的学校任务不同，克利夫和伊万没有快速、简单地完成任务，然后继续下一个由教师设置的活动。因为他们可以主导时间，他们愿意全身心地投入。即使对活动目标有分歧，伊万仍然参与其中，但试图终止克利夫的安排，而克利夫纠正伊万后也再次邀请他玩。他们都没有因为意见不合或困难重重而结束活动，也没有请教师来调解他们的分歧。

克利夫和伊万的互动中明显呈现出游戏的其他特征，即重复性和无压性，但前文所列的许多活动都没有呈现。据我所知，虽然克利夫和伊万之前从未一起玩过乐高积木，但在这次经历之前，两个男孩都玩过很多次积木。这一年里，孩子们经常玩积木，通过操作材料培养能力，并自主创造更复杂的游戏情境。例如，当克利夫将填满一个空白的正方形作为一项任务时，他和伊万可以在心中描绘出用不同尺寸的积木完成任务的设计图。同样，其他孩子在年初主要是用积木建塔，但到年底会建造围墙和其他物体的模型，比如汽车和飞机。美国心理学家戴维·埃尔金德（David Elkind）在他的畅销书《游戏的力量：玩出创造力与竞争力》[1]（*The Power of Play: Learning What Comes Naturally*，2007）中说，反复操作材料对于创造力和毅力的培养至关重要。他认为，儿童迅速地从一个玩具换到另一个玩具，就没有机会探索材料的所有可能性，也没有机会探寻打发无聊时间的办法。

除了在写作过程中表演故事之外，前文所列的许多活动都只在很短的时间内发生。在体育课上，从踢球到踢真正的足球；在艺术课上，从绘画到雕刻；在数学课上，从绘图和计算到几何与测量。这种变化会让儿童接触许多新想法，但却不能让他们深入探索给定材料的所有可能性。事实上，当儿童对经常使用的玩具感到厌烦时，他们往往会探究如何使用新方法来玩。

---

[1] 该书的简体中文版由重庆出版社于 2011 年出版。——译者注

选择和重复是相辅相成的。当儿童被允许支配自己的时间，并拥有足够复杂的材料支持来进行深入探究时，他们不仅会选择愉快的活动，而且会随着时间的推移获得更丰富的理解。同样，认识到材料可以反复使用有助于消除环境对儿童造成的压力，儿童可以用材料做自己想做的事情，因为自己的任务不是由成人设定或评价，也不会有完成不了的风险。今天，克利夫和伊万可以坚持完成填补空缺空间的任务，有一部分原因是他们知道，如果明天想造飞机，那么也可以这么做。

　　最后，除了考虑将互动归类为游戏所必须具备的性质外，我们还需要考虑一些可能存在但并非必要的性质。例如，克利夫和伊万之间的互动虽然是一种社交游戏，但是即便只有一个儿童也可以进行游戏。事实上，克利夫和伊万在学龄前都花了大量的时间在建构区里独立游戏。这让他们可以尝试自己的想法，也可以在幼儿园教室忙碌的、频繁的互动中休息一下。

　　有人可能认为，只有不涉及成人的互动才算是游戏；然而，事实并非如此。虽然在游戏中儿童必须自由地选择做什么和怎么做，但成人可以以一种好玩的方式参与其中，那就是听从儿童的引导，而不是发号施令。事实上，在克利夫和伊万的教室里，助教经常被儿童吸引，他们会让她在虚构的场景中扮演角色，或者一同建造建筑物。事实上，成人如果认真介入，就可以让儿童玩得更深入，更有意义。例如，一项研究发现，当成人与儿童谈论积木结构时，儿童会建造更复杂的结构（Gregory, Kim, & Whren, 2003）。

　　克利夫和伊万提供了一种游戏示例，它通常被称为建构游戏，支持儿童的数学学习。然而，还有许多其他类型的游戏，包括假装游戏、打闹游戏、规则游戏和艺术游戏（Burghardt, 2011）。所有这些类型的游戏都有助于儿童的成长和发展。

数学在哪里

你现在可能已经确信,克利夫和伊万的互动在很多重要方面不同于其他发生在学校的愉快经历,但你可能仍然想知道他们的游戏与数学学习之间的关系。毕竟,两个男孩在一起时都没有用过任何数学词汇。他们没有辨认形状也没有计算——幼儿数学中常见的两种数学要求,甚至没有按形状或颜色对积木进行分类。

即便如此,重要的数学学习也发生在玩积木的过程中。总的来说,最近的研究表明,早期的复杂积木游戏有助于儿童数年后解决标准测试中的空间推理问题(Wolfgang,Stannard,& Jones,2003)。更特别的是,我们可以看到克利夫和伊万玩的这种游戏与新的州共同核心标准(Common Core State Standards,CCSS)(National Governors Association Center for Best Practices[1],2010)中期望的儿童数学学习之间的直接联系。

新的K—12标准列出了儿童必须学习的内容和做法,它目前已经被美国几乎所有的州采用。表1.1所示的所有年级的数学实践都是相同的,这是在数学上取得成功所必需的习惯和思维方式。游戏可以成为儿童发展这些思维方式的重要情境。例如,当克利夫拒绝伊万建塔时,他树立了坚持解决问题的榜样,而伊万重新参与了一个具有挑战性的任务。他们一起成功地填满正方形底板,从而了解到,即使看起来很困难的任务也可以完成。

---

[1] 即美国国家州长协会最佳实践中心。——译者注

表 1.1　州共同核心标准数学实践标准

MP1：理解问题并坚持解决问题。

MP2：抽象推理和数量推理。

MP3：形成可行的论点，并评论他人的推理。

MP4：用数学建构模型。

MP5：有策略地使用适当的工具。

MP6：注重精确。

MP7：寻找并利用结构。

MP8：在重复推理中发现并表达规律。

用积木准确地填满给定空间的任务也鼓励男孩们注重精确。当他们一起努力填满底板且确定没有小碎片挂在边缘时，他们必须考虑哪些积木能够完美地拼接在一起。虽然是游戏，但这并不是一个足够接近就足够好的任务。

而且，男孩们必须有策略地使用可用的工具。例如，当伊万移走一个积木来创建一个更大的洞时，他必须考虑可用积木的大小，并创建一个完全契合的空间。起初，儿童只是简单地把积木放到底板上，没有思考任何策略。然而，随着任务接近完成，儿童需要更多的规划，也需要比较填充空间和可用的积木。

如同这个任务，游戏通常比正式的课程给儿童提供更多真正的机会来参与数学实践。因为在课程上，教师对于儿童要做什么和理解什么有明确的目标，他们能够以巧妙和明显的方式推动儿童完成任务。通过这些提示（"伊万，你为什么不看看能不能把更小的长方形填进去？"），教师经常开展大量的数学推理活动，但同时减少了儿童坚持的机会。因为教师（合理地）重视正式课程中的课堂管理问题，他们通常不希望儿童感到无聊，从而试图找到解决问题的方法。游戏为儿童提供了一个空间，让他们可以花很多时间从事数学实践，教师也不会担心他们是否有能力坚持完成任务，或者是否能和其他人大致同时完成一项任务。

除了正式的数学课程，像克利夫和伊万玩的积木游戏这样的任务也提供了涉及特定数学内容的机会。对于小学低年级，新的州共同核心标准强调数字和运算，但也包括几何、测量、数据和代数推理。

克利夫和伊万的积木游戏与几何学的关系最密切。在幼儿园，儿童被期望"使用几何概念（例如形状、方向、空间关系）和词汇来描述物理世界，并使用基本形状和空间推理建模环境中的物体，构建更复杂的形状"。

克利夫和伊万的游戏要求他们注意并处理特定形状的属性（在这个例子中是长方体）。他们需要注意哪些是长的，哪些是短的，哪些是宽的，哪些是窄的。此外，他们还需要认识到什么时候旋转积木是填充空间的必要条件。这些经验将为克利夫和伊万以后在打印纸上表征二维和三维形状以及解决涉及旋转与方向的问题提供丰富的知识基础。

更广泛地说，克利夫和伊万的游戏让他们有机会发展符号思维，这对未来的数学学习至关重要（Vygotsky，1962；Piaget，1962）。像建构积木、清空容器以及通过艺术方式表征世界这样的活动，可以让儿童发展与数量、比较、组合和分解形状有关的想法（Lakoff & Núñez，2000）。此外，儿童在这些游戏活动中发现的乐趣是关键的激励因素，可以激励儿童参与从一个发展水平到下一个发展水平所需的工作中。当儿童对一种特定的游戏感到厌倦（通常是由于技能的提高）时，对新体验的渴望会促使他们参与有更高要求的游戏（Vygotsky，1962）。成人可以帮助儿童提高游戏的质量。

从这个角度来看，成人在深化和拓展游戏的作用上是相当重要的。虽然克利夫和伊万的游戏为发展数学思维方式和内容知识提供了重要的背景，但更重要的是，要认识到这类游戏与数学学习内容是不同的。换句话说，克利夫和伊万将需要学习用语言来表达他们建构积木的经验，并在特定的任务之外进行概括。学习数学词汇和从特定经验中创造抽象概念（核心概念）是正式的数学课程所发挥的重要作用。为了进一步说明，克利夫和伊万需要学习，这一块积木被称为长方体，它与世界上其他的长方体有共同的特点（8个角、6个面等）；立体的形状，如长方体，能在打印纸上用二维图形表示（但仍会让人认出它实际上是立体形状）。

如果我们认为通过玩积木这样的玩具，克利夫和伊万就能自动学会这些数学知识，那我们就错了。但是，如果不给克利夫和伊万机会来积累丰富的经验，而是教师直接教学，那也是错的。这是贯穿本书其余部分的问题——如何提供充足的时间和有效的材料让儿童参与开放的探索性游戏，以及如何设计正式的课程，充分利用儿童在游戏中已经发现的数学知识。

接下来的章节提供了发现和利用儿童在课程之外参与数学游戏的策略，而第3章提供了有关在课程中安排时间和空间进行有效游戏的观点。

第4章到第7章将新的州共同核心标准中描述的数学与幼儿园教室中的普通游戏建立了联系。结语之前的最后两章探讨了如何基于儿童的游戏经验设计正式的课程和评价。

第 2 章

在多种情境中发现儿童的数学游戏

最近，我给一位一年级教师看了一段她班上的儿童去年在操场上玩跷跷板的录像。当跷跷板摇摆时，儿童在跷跷板的两端跳上跳下，试图让跷跷板保持平衡。成功时，他们会在地面上盘旋一会儿。看完录像后，教师说："我要是早知道这件事就好了，我介绍加法的时候就可以用到它。"通过观察儿童的游戏，教师意识到跷跷板可以成为等号的一个隐喻，儿童能从身体上和认知上进行理解。为了保持平衡，跷跷板两边的重量必须相等。等号的意思是"相等"，而不是"把答案写在这里"，这对儿童理解等式是非常重要的，而这些等式需要儿童进行代数推理。然而，由于大多数儿童是通过解决书面的加减乘除问题来发展对等号的理解的，因此大多数儿童倾向于把等号看作需要采取行动的信号（比如，把答案写在这里），而不是把它看作对"相等"的陈述。

拉考夫和努涅斯（Lakoff & Núñez, 2000）在关于人们如何通过参与物理世界的活动来建立数学理解的研究中，证明了通过与日常材料的互动，如容器、小物体的集合、线条和棍子，儿童形成对数学的理解。例如，拉考夫和努涅斯认为，玩容器可以帮助儿童理解分类的概念。例如，数字 2 可以被定义为偶数，而数字 3 不是。几个世纪以来，学者们，包括像裴斯泰洛齐（Pestalozzi）、弗里德里希·福禄贝尔（Friederich Froebel）、玛丽亚·蒙台梭利（Maria Montessori）这样的思想家，已经认识到物体和玩具在儿童数学思维发展中的作用（Wager & Parks，2014）。

目前的研究表明，在不同的群体中，所有儿童都在家里和学校的空闲时间进行各种各样的数学游戏。在一项关于幼儿园数学游戏的研究中，赛奥和金斯伯格（Seo & Ginsburg，2004）发现，88%的儿童参与数学游戏，如用珠子制作图案、建构积木、计数和比较物体。在观察家庭时，塔奇和杜塞特（Tudge & Doucet，2004）发现，许多儿童在家里进行数学游戏，没有种族或阶级的差异。关注课程之外的游戏，可以帮助教师认识到儿童在哪里发展数学思维，并发现可以在课程上利用的经验，从而阐释晦涩的概念。本章的目标是提供一些策略，将校外的数学游戏与课程进行联系。

调查学校中的数学游戏

正如本章的开篇故事，许多与数学相关的游戏经验发生在教室之外，特别是随着儿童逐渐长大，在教室里玩耍的机会大大减少。用数学的视角观察儿童在学校的时光，可以让你将这些经验与儿童在教室里的学习建立起联系。

操场上的设备不仅为儿童提供机会表征各种数学概念和他们对数学概念的具体理解，还为教师明确地让儿童探索特定概念提供了便利。这些探索可以作为课程的一部分——给儿童提供活动和拓展的机会；或者作为课间休息的一部分——教师鼓励儿童在自由游戏时参与一小段时间的某项特定活动。表 2.1 列出了一些常见的操场设备和可能出现在儿童游戏中的数学概念。

表 2.1 操场上的数学

设备	游戏	数学概念
平衡木	· 沿着一条线走 · 伸开双臂保持平衡 · 大步或小步走 · 一步挨着一步走完一段距离	· 建立数轴的概念 · 建立一种平衡感或平等感,这对理解等式和平衡很重要 · 理解长度 · 测量时理解单位的重要性
建构类玩具	· 将玩具搬到不同的地方 · 将玩具假装成另一种东西(房子、飞机等)	· 发展空间感 · 练习使用方向性词汇("上""下""在……上面""在……下面"等) · 使用象征性思维
沙盒	· 清空和填充容器 · 搭建结构	· 了解分类 · 了解体积
跷跷板	· 平衡 · 上上下下	· 理解等量 · 了解重量的特点 · 了解天平
秋千	· 摆动	· 比较和命名属性(更高、更快、更远等)

除了用设备,儿童也可以通过像捉迷藏这样的游戏了解空间关系。比如,当他们想象操场结构和其他同伴可能怎么做或尾随同伴时,他们不得不做出判断,如谁离得远、谁离得近、每个人移动得有多快以及可能去的地方。跳绳游戏可以通过重复和有节奏的吟唱来发展计数和规律。在所有这些情况下,重点不是让儿童通过游戏掌握数学概念,而是发展他们理解世界的方式,并将此带入数学活动中。教师可以在讨论新

概念时有意识地利用这些方式。

进行社区调查

当然，儿童不仅在学校的操场上游戏，还在社区的各种场所玩耍。探索儿童生活的社区，可以帮助你与儿童及其家庭建立广泛的联系，但以数学学习为目的的探索可以为你提供更多方法，将儿童在非正式环境中的游戏与教室里的正式数学课程联系起来。例如，当一组准教师开始调查学校附近的社区时，发现许多儿童在玩游戏时会定期去一个小型的社区商店购买零食和糖果。观察表明，在购买的过程中，许多儿童参与了一些相对复杂的数学计算，包括判断个人应支付多少钱，是否要将钱集中起来，以及如何根据从每个人那里收集到的钱公平地分配购买的物品。通过将这一情境应用到课程教学中，准教师就能够设计出儿童可以利用个人经验解决的文字问题。

尝试在学校所在的社区中开展一项关于数学游戏的调查，包括发现学校以外的游乐场，特别要注意那些与儿童课间使用的设备有不同特点的设备。你也可以去一些家庭周末经常去的地方，寻找有助于数学教学的经验。可以进行数学学习的地点包括图书馆、公园、动物园、博物馆和保龄球馆。通常，教师和课程试图将数学问题与"现实世界"的情境建立联系，但这些情境对儿童来说往往如同所呈现的数学一样陌生。例如，问题可能是基于马戏表演、游乐园或骑马，而教室里的儿童从来没有接触过这些。调查社区游戏场所的目的是确定儿童真正理解的情境，以便建立对他们有意义的联系。此外，还可以拓展家长对社区娱乐机会的了解。例如，许多家长定期去公共图书馆，但可能不明白为什么停下来玩拼图或积木对孩子来说与借书一样重要。同样，也可以提醒家长，在图书馆或博物馆的自由游戏小组等之前没有考虑过的地方为儿童提供学习数学的机会。

帮助家长

当然，很多的儿童游戏——数学游戏或其他——都发生在儿童家庭中。教师如果能够发现儿童经常参与的游戏，就可以在日常教学中利用这些经验，在教室里提供儿童在家里游戏时可能无法获得的材料，并支持家长在家庭中开展数学游戏。例如，在与一所主要服务于低收入家庭的农村学校合作时，我惊讶地发现，大多数儿童在家里都能接触到科技，要么是平板电脑、家长的手机，要么是与电视相连的游戏系统。然而，在家访中，只有一个家庭拥有完整的全套积木。如果不探索家庭资源，我可能会认为这些儿童在校外无法接触到科技，而学校的重要作用应该是为他们提供大量的时间接触计算机等科技产品。虽然数字鸿沟是一个真正的问题（Purcell，Heaps，Buchanan，& Friedrich，2013），但在这个社区中，对最小的儿童来说，获得积木和拼图是一个更大的问题。一位家长说，因为积木太贵了，所以买一台平板电脑更有意义。她认为，孩子可以在整个学习过程中使用平板电脑，而不仅仅是在幼儿时期。另一位家长说，因为有线电视太贵了，给孩子们配备一台影音播放器和一台有游戏的平板电脑更有意义。在这种特殊的背景下，低年级教师更应该为儿童在学校时提供充足的时间和材料，而不是专注于让儿童接触屏幕。此外，通过了解儿童家里的游戏材料，我们开始思考将能够促进数学游戏的材料带进家庭的方式。

作为一名研究者，我抽出时间对许多家庭进行家访，这让我能够亲眼看到儿童的各种游戏机会。当然，教师也可以进行家访，既能够了解儿童的游戏经验，还可以了解他们的家庭、父母的工作和生活、每周的日常活动、社区和学习资源等（Kyle，McIntyre，Miller，& Moore，2002）。许多教师说，家访不仅有助于有效地规划课程，还显著地改变了他们与儿童及其家庭的关系。我作为教师，也有同样的感受。如果你对家访感兴趣,那么你可以在家访中加入有关游戏的问题。《接触:幼儿园到八年级的家校沟通资源》(*Reaching Out: A K—8 Resource for Connecting Families and Schools*,Kyle,McIntyre,Miller,& Moore,2002)一书为开始家访工作提供了许多有用的建议。

然而,你如果觉得自己没有时间或意愿做家访,那么仍然可以通过做一个游戏调查来了解儿童在家的游戏经验。表 2.2 是一个示例,你可以根据自己的情况对其进行调整。

表 2.2　游戏调查

亲爱的家长:

　　孩子们在游戏中受益匪浅。我想更多地了解您的孩子是如何游戏的,这样我就可以把他们的游戏和我们的课程联系起来。请回答下面的问题,并把这张调查表发送给我。谢谢!

孩子的姓名:_____

填写该表的家长姓名:_____

1. 您的孩子最喜欢的玩具是什么?他/她怎么玩这个玩具?

2. 您的孩子小时候喜欢玩什么?

3. 您的孩子在户外喜欢玩什么?

4. 您的孩子在游乐场玩过吗?在哪个游乐场玩的?他/她喜欢玩什么?

5. 您的孩子喜欢玩什么游戏?(例如,棋类游戏、与其他孩子一起玩的游戏、电子游戏、平板电脑或其他电子设备上的游戏)

6. 您的孩子玩过积木或者拼图吗?他/她做了什么?

虽然儿童也许不能自己回答调查问题,但他们可以说说自己在家里的游戏情况。个人展示活动可以为儿童提供机会,让他们带一个自己喜

欢的玩具，并谈论他们是如何使用它的。儿童还可以画出自己在家里游戏的画面，开展小组讨论。或者，在学校有资源的情况下，可以把一次性相机或便宜的数码相机送到儿童家里去拍摄游戏。

在回应调查时，教师要发现可以用于正式数学课程的游戏经验。当教师试图将数学与现实世界联系起来时，他们往往会从自己的生活中汲取经验，如烹饪、购物或缝纫。但是这些活动对儿童来说可能意义不大。然而，掷骰子和在棋盘上移动棋子、试图积累分数或物品的电子游戏，或者像"捉人游戏"这样的群体游戏，都可以为儿童思考与数量、加减法有关的问题提供情境。儿童已经具备的经验背景和理解可以为他们掌握新的数学概念提供切入点。画出游戏调查中的情境可以使教室里的儿童成为某方面的专家，比如一个特定的游戏，这会让他们对自己的能力充满信心。

除了利用儿童在家里的经验，游戏调查还可以让你发现儿童可能不熟悉的游戏情境，但这些情境有助于数学发展。正是这种关注促使我们提出了关于拼图游戏和积木游戏的问题。研究表明，这两种类型的游戏对儿童将来的空间推理能力有着重要影响，所以一定要确保儿童有进行这两种游戏的机会（例如，Levine，Ratliff，Huttenlocher，& Cannon，2012；Wolfgang，Stannard，& Jones，2003）。如果儿童家里没有这些材料，那么教师可以在学校提供时间和材料。如果儿童有这些材料，教师就可以把如何在更多的有关数学的情境中支持这种游戏的想法传达给家长（第4章将进一步讨论）。

此外，教师可以为家长提供一些专门为促进数学游戏而设计的活动。例如，教师可以发送包含橡皮泥制作配方和必要配料的"家庭锦囊"（如表2.3所示）。

表 2.3　橡皮泥的制作说明

制作橡皮泥

1. 使用下面的配方与带回家的材料和工具，和孩子一起做一些橡皮泥。

2. 让孩子玩一会儿橡皮泥。不要担心需要做什么特别的事情。我们对孩子在家里怎么玩很感兴趣。用照相机把孩子创造的东西拍下来。

3. 录完后请关掉录音机，将其与照相机一起送回学校。

橡皮泥的配方

量取下列物品，将其放到一个小平底锅里：

- 1 杯面粉
- ½ 杯盐
- 2 茶匙塔塔粉

加入：

- 一汤匙婴儿食用油
- 一杯带有 6~10 滴食用色素的水

用中火加热。一开始可能看起来水太多了，但它会在 3 分钟内沸腾并变成固体。静候，冷却。然后，您和孩子可以将其揉至光滑进行游戏！

这样的活动有助于促进多种数学思维的发展，包括比较长度和尺寸，测量体积和长度以及计数。此外，它还会在有意义的情境中提示使用数学词汇，如更长、更短、更大、杯子、茶匙和一半。图 2.1 展示了一个儿童在姐姐的帮助下根据配方制作橡皮泥。

图 2.1 姐姐根据橡皮泥的配方帮妹妹测量

根据我的经验,这样的活动往往会让更多的儿童参与家庭活动中,增加数学的影响。一位参加了这次橡皮泥活动的家长说,她以前从来没有在家里玩过橡皮泥游戏,但是现在她的儿子经常想玩这个游戏。

教师也可以制作数学玩具包,然后将其送到儿童家中。例如,将小巧的成套乐高积木和建筑图片一起送到儿童家中,供儿童建构。这些图片通常包含在乐高套装中,但也可以由教师拍摄。与橡皮泥游戏一样,玩乐高积木有助于提高许多数学技能,包括组合和分解三维图形,在二维图形和三维图形之间转换,比较大小和长度并发现不同尺寸积木之间的关系。如果资源充足,可以在数学玩具包里放照相机,这样儿童就可以将他们的作品拍成照片。这些照片为教室里的学习提供了新的数学学习机会,儿童可以用数学语言描述他们做了什么,还可以用别人的照片作为他们在教室里建构的示例。图 2.2 和图 2.3 展示的是儿童在家里玩乐高玩具。数学玩具包中的图片能够让儿童练习解读二维图像,从而创造出三维结构。

当数学成为儿童的游戏

图 2.2　男孩用积木建造一辆汽车

图 2.3　女孩参考示意图建造乐高房子

除了积木，数学玩具包也可以被用于分享拼图游戏和棋盘游戏，并支持全年各种数学游戏的开展。游戏与儿童的家庭生活和早期数学学习紧密相关，诸如上述的调查活动可以提供宝贵的机会来加强家庭和学校之间的联系，并支持儿童愉快地开启早期数学学习。

第 3 章

在学校为数学游戏安排时间和空间

通常情况下,即使是那些致力于游戏化教学的教师也很难抽出时间让儿童独自探索材料,尤其是考虑到学校或学区的规定对教学日常施加的许多限制。关键是让选择时间得到学校管理系统的支持,这可能需要教师与管理者进行对话。这种情况在小学里尤其明显,因为学校的管理者可能没有幼儿教育专业背景。由美国幼儿教育协会(National Association for the Education of Young Children)出版的《幼教绿皮书》(*Developmentally Appropriate Practice in Early Childhood Programs*, Copple & Bredekamp, 2009)是建构这些对话的有用工具,因为它以清晰易懂的方式为早期教育课程提供了最佳实践。这本书的立场是:对儿童来说,"有一段重要的时间来选择他们想做的事情,并与其他儿童一起指导自己的活动"是至关重要的(Copple & Bredekamp, 2009, p. 40)。本书的第 10 章展示了与管理者进行相关对话的其他参考资料。

安 排 时 间

一旦有了固定的选择时间，你就可以开始考虑什么时候利用它，以及你对儿童参与的期望是什么。在幼儿园，选择时间最有可能是一天中可以被预期的一部分。活动区可以提供广泛的选择，比如厨房和医生的办公室等充满想象力的游戏环境、木偶或书写工具等读写游戏材料、积木和拼图等数学游戏材料。虽然这样的安排为儿童提供了最大限度的自由和选择，但从数学的角度来看，它也带来了一些问题。许多儿童一次又一次地回到同一个活动区，因此，他们可能永远不会接触那些最有可能促进数学思维发展和数学学习的材料。

解决这一问题的方法是，让儿童每周都有几天只选择有助于促进数学思维发展的活动区。后文将对此进行更详细的讨论，如积木游戏、拼图游戏、测量工具、比赛游戏、计数、娃娃家游戏和橡皮泥游戏。在时间充裕的情况下，另一种可能是在白天设定一个开放的选择时间，以及一个更集中的选择时间，数学区和读写区轮流成为开放的活动区。无论是哪种安排，我们的目标是创设一段时间让所有儿童都能接触可以促进数学思维发展的材料。

对小学一、二年级的儿童来说，安排选择时间可能是一个更大的挑战，因为活动时间不再被认为是理所当然的了。从一个小方法开始可能会有所帮助，比如每周用一半的数学时间（如两三天）让儿童自由选择有关数学的活动区。这些活动区也可以在一天的开始或结束时开放，代替在座位上进行的活动。安排这些活动时间可能需要你诚实地评价自己的一天，检查自己如何使用时间，并真正地反思儿童从各种活动中获得的益处。在观察许多幼儿园教室时，我发现晨间活动、观看视频和其他交互式电子白板或日历时间这种全班活动通常占据儿童一天中相当多的时间，却没有让他们深入参与。例如，当全班进行交互式电子白板活动时，只允许一小部分儿童参与，大多数儿童需要安静地坐着看一两名儿童与白板互动。然而，如果将交互式电子白板作为一个活动区，那么所有儿童不仅可以与白板互动，而且可以花时间积极操作其他材料，而不是看同学操作。同样，如果你每周播放一个视频，那么你可能会问自己，把这段时间用于选择时间是否会更好。即使你每周五只能抽出半小时，这段时间也是很有价值的。不要让完美成为优秀的敌人。即使每周给儿童一点点时间参与数学游戏，也可以支持他们作为学习者的发展。

有用的材料

幸运的是，由于强调数学中的操作，大多数学校有许多可以用于数学游戏的材料。这些材料的展示和组织方式本身就能促进数学学习。之后的章节将更深入地讨论本节所列的许多材料。本节的目标是列举可快捷使用的实用材料，并就如何组织促进数学思维发展的材料提供建议。

积木

许多幼儿园教室的标准材料中都包含积木。在一年中，应该将所有积木都提供给幼儿进行建构。但要随着时间的推移，不断添加材料来支持幼儿更复杂的游戏，包括成套的家庭成员玩具或动物玩具，要建造的结构的图片，或车辆玩具。教室也可能有小颗粒积木，如乐高积木。这些积木可以让儿童做出不同类型的结构，对于探索用不同的积木拼出相同的长度的方法特别有用。对较大的儿童来说，它也是一个不错的选择，因为它们在游戏和存储时占用的空间比较小。虽然乐高积木可能很贵，但许多教具生产公司都有通用的积木套装，1000多个积木的售价不到700元。如果有足够的教育经费，那么磁力片也是极好的建构材料，对儿童非常有吸引力。由多家公司生产的磁力片可以让儿童用正方形和三角形等多种形状创建三维结构。除了让游戏具有吸引力，它们也是数学课上建造正方体、长方体、锥体等几何图形的有用材料。

拼图

拼拼图时，重要的是全程思考如何支持高级的思维方式。碎片较大，通常带有手柄，可以放入单个洞中的拼图是最简单的。复杂的拼图需要把碎片组合在一起成为图片。碎片的数量和图片的复杂性决定了拼图的难度。在一年的课程中，供儿童使用的拼图的难度应该逐渐增加。一旦儿童开始凭记忆完成拼图，这些拼图就应该被淘汰，换成更有挑战性的拼图。有些拼图将完整的图片放在碎片下面或盒子的盖子上。但是，如果拼图没有这些，那么制作完整的拼图图片让儿童参考是很有帮助的。图案积木拼图对儿童来说也很有用，因为大多数教室已经有成套的这种拼图。与其他拼图一样，教师应该根据图案积木拼图的难度为儿童提供支持，即先提供带有明确的形状和颜色的拼图，然后是形状明确但没有颜色的拼图，最后是没有用线条描画单个形状轮廓的更大图形的拼图。

收集的物体

一桶桶五颜六色的材料可供儿童数数、分类、比较，以及进行想象游戏。它们可能来自一套数学操作标准材料，如熊和恐龙，或者来自儿童收集到的物品，如硬币、钥匙或贝壳。理想情况下，材料应该定期轮换，以保持儿童的兴趣。

测量工具

天平、卷尺、量杯、勺子和尺子都能让儿童在正式接触测量概念之前就开始思考。随着时间的推移，更换可用的材料可以促进新的活动。例如，在某个月，将天平和塑料做的农场动物存放在一个桶里；在另一个月，将天平和装豆子的袋子存放在一起。同样，尺子可以放在大小不一的娃娃或填充动物玩具旁,甚至儿童的脚边。可用于测量体积的实用材料包括棉球桶,它们不会产生噪声,便于清理,这包括车轮、贝壳(比小的更容易清理)等较大形状的面团。用外用酒精覆盖干面团或滴入你喜欢的食用色素,就可以为面团着色,然后静置一夜,将液体沥干,用纸巾擦干。

假装游戏

许多假装游戏情境可以支持数学思维的发展,包括商店、医生办公室和厨房。但是,为了让儿童更明显地接触数学,往往需要调整或安排现有的材料。例如,在厨房里张贴食谱可以鼓励儿童数数。还可以提供贴纸、图章或剪贴画,让儿童自己制作食谱。同样,作为医生办公室用品的卷尺或杂货店的天平也可以鼓励儿童参与数学活动。关键是要思考各种情况下潜在的数学学习机会,以及特定的材料引起儿童参与数学活动的方式。

橡皮泥

玩橡皮泥不仅可以让儿童练习精细动作,而且往往会引发大量的数学对话。在相互交流的过程中,儿童很自然地比较他们的作品,看谁的最长或者最多。当有大量的物品时,儿童会数一数,看看它们有多少。可以通过提供用于切分物体的与数字和形状有关的饼干切割器、塑料刀或剪刀,以及鼓励儿童将二维图形做成三维图形的活动来促进儿童的数学活动。

比赛

就独立游戏而言,比赛适合大一点的儿童。因为4岁、5岁和6岁的儿童仍然难以管理伴随比赛而来的社会互动和涉及输赢的情感。对幼儿来说,只有在教师或成年志愿者的支持下,促进数学学习的比赛通常才最有效。但是，很多二、三年级的儿童能够独立进行比赛。在这种情况下，选择对儿童来说有挑战性的数学比赛是有难度的。由此，在选择时间让比赛成为正式数学课程的一部分通常是个不错的解决方案。儿童已经了解了规则，而比赛是为提高年级的数学水平而设计的。因为你希望儿童能够在选择时间自我管理，所以选择那些很少需要成人干预的比赛是很重要的。

安排一日生活

时间和材料很重要，但它们并不足以凸显出游戏中的数学思维。教师需要使用教学策略，既促进数学游戏，又帮助儿童明确数学经验。许多幼儿教师在使用高瞻课程（High/Scope）等课程模式时会在游戏前安排计划时间，在游戏后安排汇报时间。实际上，这些时间可以用来指导儿童进行数学游戏。例如，在计划时间，你可能决定强调一种类似测量工具的材料——它不经常被使用，展示一些儿童可以参与的活动。或者，你可能会提出一个问题，比如"想一想，你有多少个娃娃？"或者"哪个最大？"。你也可能向儿童提出一个挑战，比如引入一个新的拼图，或者摆出一张复杂的结构图片，鼓励儿童用积木建构，目的是激发儿童对数学材料的兴趣，推动儿童从事比以前更复杂的游戏。

这也可以是一次把儿童推出舒适区的时机。尽管在游戏中儿童应该有很多机会做出选择，但你如果发现一群儿童一天又一天地进入相同的活动区，可能就需要在计划时间进行干预，告诉他们你已经注意到这种情况并建议他们今天选择你提供的三个活动区中的一个。对那些从未接触过有助于促进数学思维发展的材料的儿童来说，这一点尤其重要。

同样，每天的汇报时间可以用来展现儿童当天进行的数学思考，鼓励儿童相互学习，并将数学词汇和概念与当天发生的游戏联系起来（Seo，2003）。儿童可以自愿讨论他们在活动区做了什么，但教师如果想让全班儿童都关注某一个特定活动,就可以选择相应的儿童进行分享以起到强调的作用。在有技术支持的情况下,可以使用数码相机和交互式白板来支持这些对话。例如,教师可以拍下积木结构的照片,然后让建造这些结构的儿童来描述。教师也可以自己描述这些结构,使用适当的数学词汇讨论形状、方向和数量。在有意义的语境中使用数学词汇,对于儿童真正地了解这些词汇的意义和使用方法十分重要。第二天将拍摄的照片张贴或展示在交互式白板上,将会引发新的游戏会话。

汇报时间也可以是一个讨论儿童的问题解决策略的机会。例如,教师如果注意到一名儿童盯着拼图的完整图片为了认出底部的一块蓝色碎片,就可以和儿童讨论需不需要局部的小图片。这种从整体到局部的转变策略对于组合和分解图形非常重要,州共同核心数学标准(Common Core State Standards in Mathematics,CCSSM)强调了幼儿的这项技能,该标准期望儿童使用简单的形状组合复杂的二维图形(K.G.B.6 & 1.G.A.2)。(括号内的数字指的是州共同核心标准中的条目,第一个字母或数字代表年级水平,第二个字母代表内容,这里指几何。)通过命名和描述这些策略,教师可以让其他儿童使用它们。此外,那些自己使用的策略被强调的儿童,当他们发现自己在拼拼图或与娃娃比身高等活动中取得成功并受到认可和重视时,就会开始发展自己作为数学人的身份意识。因此,将游戏中的非正式数学与正式数学联系起来就显得尤为重要。当教师发现课程中的数学重点和游戏活动之间的联系时,汇报时间就是一个让所有儿童都清楚地发现这种联系的机会。此外,通过关注游戏中发生的数学活动,教师将表明他们重视这些活动,从而使其他儿童未来更有可能选择参与这些活动。

除了在游戏和非正式数学之间建立联系,在汇报过程中,教师还可以为有趣的学习创设环境。大多数的游戏定义都恰当地强调了时长和参与类型是真游戏的核心(Wager & Parks,2014)。从这个角度来看,教师引导的支持数学学习的活动并不能真正被认为是游戏。然而,好玩的学习活动可以为儿童提供在真游戏中可以体验到的一些乐趣，以及有意义的数学学习机会。在自由选择的时间里，让成人，无论是教师，或是助教，还是志愿者，带领小组活动，不仅是一个让儿童参与数学思考和学习的重要机会，也是让成人教儿童如何用数学的方式与材料互动的机会。

前文提到的所有活动，包括积木建构、拼图游戏、测量和橡皮泥游戏，都可以在小组活动中进行。然而，不同于自由选择时间，在有趣的学习期间，成人可以为儿童介绍特定的活动。例如，鼓励儿童用积木建构特定的结构，用特定的策略或成人认为适合儿童水平的方式拼拼图，收集不同尺寸的玩具或橡皮泥切割工具。在这些活动中，成人既可以有意识地促进儿童从事更复杂的工作，也可以教儿童一些在其他独立工作时间可能有用的策略。把材料搬到小组的桌子上，可以让那些空闲时很难在开放空间长时间专注于玩具的儿童更持久地玩积木或橡皮泥之类的玩具。例如，在幼儿园教室观察时，我经常注意到一小部分男孩倾向于主导积木区，有时甚至从其他儿童的建构物里拿走积木。这些挑战会让一些儿童对某些材料不那么感兴趣，他们可能只使用其他人不想用的材料。成人的参与可以支持这些儿童的探索，让他们不必时时保护自己的空间。

在自由时间，成人支持的活动，无论是全班的还是小组的，都不应该取代一天中正式的数学课。它们可以丰富活动区中的数学活动，也可以为教师提供一个机会来观察儿童在感到有趣和舒适的环境中能做什么和不能做什么。例如，玩具很多，有利于促使儿童计数和识别数字。用几天的时间让全班儿童轮流使用材料可以取代更正式的评价，有助于教师了解每名儿童已经掌握的知识，并决定接下来要强调什么。许多幼儿园班级在大多数儿童已经掌握计数技能后仍然继续要求儿童死记硬背地数数。但在非正式的环境中评价儿童的能力可以提供重要的信息，告诉教师什么时候该继续推进，同时能保持儿童的兴趣。

总的来说，重要的是要认识到，当儿童能够接触有意义的材料，且数学学习机会可以在游戏中发生时，如果游戏环境是由教师精心创设的，随着时间的推移，儿童就会进行越来越复杂的活动，学习和思考也将更恰当，且在数学方面更有意义（Ginsburg，Lee，& Boyd，2008；Graham，Nash，& Paul，1997）。

第二部分

突出游戏中的数学

第 4 章

用积木、拼图和娃娃学习几何标准

让我们通过思考 2011 年美国国家教育进步评价（National Assessment of Educational Progress，NAEP）中的一个四年级问题（如图 4.1 所示）来聚焦于几何。儿童被要求说出立方体 A 比立方体 B 多使用多少个小正方体。

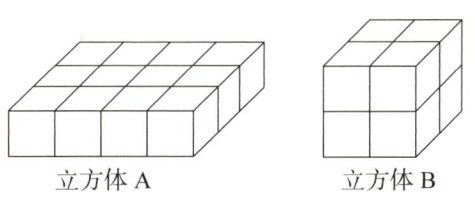

图 4.1　哪个图形的小正方体更多

在接受测试的四年级儿童中，将近一半的儿童答错了这个问题。鉴于儿童在计算考试中的表现以及他们被允许在回答这个问题时使用计算器，因此不太可能是 12-8 这个减法问题使儿童出错。然而，几乎可以肯定的是，问题在于计算立方体 B 中的小正方体的数量，因为并不是所有的小正方体都是可见的。这样的任务要求儿童识别三维图形的二维表象，比较两个三维图形，并将较大的图形分解为较小的图形。所有这些能力都是州共同核心标准中的几何学习和积木建构游戏的核心。

儿童在像拼拼图这样的任务上也有困难，它需要类似的几何思维。在2009年的美国国家教育进步评价中，只有43%的四年级儿童能够回答这样一个问题：用两个三角形创建一个具有以下特性的形状，即四个边、没有重叠的部分、没有平行的边。玩几何拼图和图片拼图为儿童提供了操作形状创造新图形，发现旋转和翻转图形的作用的机会。例如，图4.2中的儿童正在建造一个建构物，他需要旋转三角形，从而使建筑物的一个侧面没有缝隙。

图4.2 儿童用磁力片建造房屋

在小学阶段使用实物可以帮助儿童发展心理表征能力，这将使他们以后能够处理更抽象的表征，如绘画和书写。如果没有这些经验，儿童就不得不依靠记忆模糊的算法来计算立体事物的体积，或者在没有实物模型的情况下尝试推理图形的构造。相对于数学领域的其他方面，之后几年的几何学习也许需要儿童在小时候更多地接触实物。

几何学习的核心经验

在小学低年级，州共同核心标准将几何标准分为三个主题：（1）识别和描述形状；（2）分析、比较、创造和组合形状；（3）利用形状及其属性进行推理。当然，儿童需要大量的练习来掌握新的词汇，也需要练习旋转和翻转来发现三角形无论朝哪个方向转动都是三角形。他们还应该学习识别和使用语言来区分二维图形（扁平的）和三维图形

（立体的）。

小学低年级的许多主要几何概念都与形状的组合和分解有关。组合和分解指的是"把形状放在一起和分开，及其在算数、几何、测量中的应用"（NRC，2009，p. 352）。当儿童把两个三角形放在一起组成一个正方形时，当他们用多个积木建造高塔时，当他们用各种不同的形状进行设计时，他们就组成了各种形状。当儿童认识到一个较大的图形可以被分割成更小的部分时，或者可以直接拆分时，或者想象一条线把较大的图形分割成小块时，他们就会开始分解形状。前文提及的两个美国国家教育进步评价问题中，一个要求儿童分解图形（把大的立方体分成一组小立方体），一个要求儿童组成图形（把两个三角形放在一起组成一个四边形）。

有时候，幼儿园和小学低年级教师很少关注几何，因为大多数儿童能够很快地说出各种形状的名称，甚至是关键属性（如角的数量）。然而，为了培养儿童日后应对更困难问题的能力，更深入的经验是必要的。比如：组合和分解图形（无论是积木、拼图或其他玩具），让儿童有机会识别和分析立体图形的关键属性；用较小的图形创造更大的图形，并练习用语言描述自己创造的图形的特征和位置。本章的其余部分将更深入地探讨不同游戏情境中的几何概念，并提供建议，让儿童在游戏过程中清楚地发现数学，并增加活动的复杂性以促使儿童更加努力。在每种情况下，教师的目标都是帮助儿童掌握有关形状的词汇，并促使他们发现形状之间的关系，这将有助于他们以后解决问题。

促进积木游戏

大量研究表明，积木游戏支持儿童发展州共同核心标准所要求的几何思维和推理（Casey et al.，2008；NRC，2009）。例如，那些经常玩积木的儿童花在积木上的时间越多——用积木创造新的形状，他们的构图思维就越复杂（Kamii，Miyakawa，& Kato，2004）。近100年来的研究已经证明了儿童积木游戏对发展空间思维和几何推理（例如，Casey et al.，2008；Guanella，1934）以及更广泛地发展数学思维（例如，Caldera et al.，1999）的重要性。有些研究已经证明儿童积木游戏的数量和质量与他们在空间推理测试中的表现之间的关系，这种关系一直持续到七年级（例如，Wolfgang，Stannard，& Jones，2001；2003）。尽管有这项关于积木游戏对儿童数学发展影响的研究，但有足够积木的班级越来越少，有足够时间让儿童探索积木的班级也越来越少，即使积木是可用的（Miller & Almon，2009）。成套的木质积木、乐高积木、得宝积木，甚至可拼插的方块积木都可以为儿童提供机会来探索形状的组合和分解，并发展想象力和描述几何图形的能力。

虽然昂贵，但是木质积木套装是促进早期几何思维发展的最耐用和最灵活的工具。图4.3是一名学龄前儿童设计的积木道路。建造这条道路给儿童提供了练习组合和分解形状的机会。道路由不同的积木组合，这是儿童有意识的自发行为，因为他也可能创造一条只由大长方形组成的道路。同样，他还可以用比原来的长方形更小的积木。然而，他选择使用整体面积相同但组合方式不同的单位。这提供了用三种不同方式组合大长方形的机会。最后，儿童开始用彩色积木区分形状的限定性属性（边、角）和非限定性属性（颜色、方向）。这种区分能力是州共同核心标准的一级标准之一。

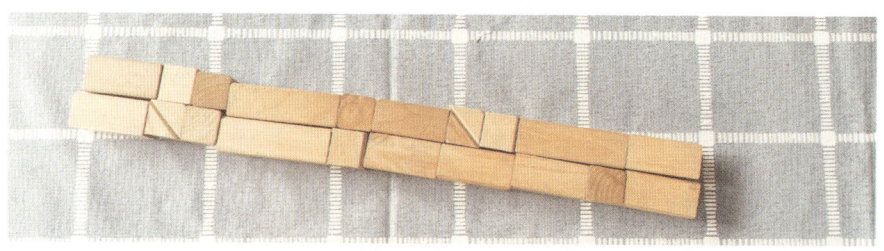

图4.3　用四种积木建造的道路

儿童用积木做的结构越复杂，探索数学关系的机会就越多。用积木组合成塔、围合空间、带有拱门和其他装饰物的三维结构，给儿童提出了新的问题。例如，当埃利奥特建造一个围合图形时，他用完了大的长方形积木就改用小的正方形积木，发现两个小的正方形积木可以组合成一个大的长方形单元。随着建筑高度的不断增高，他开始使用一对对三角形来创造同样大小的单元。这种组合新形状的行为迫使埃利奥特考虑每种不同形状的特性，并注意正方形和三角形组合在一起的方式。这个活动像许多积木建构项目一样，包含许多州共同核心标准，如比较三维图形（K.G.B.4），组合三维图形以创建复合图形（1.G.A.2），以及将长方形分成相同大小的正方形（2.G.A.2）。正因为如此，有许多非正式建构经验的儿童在围绕这些主题的正式教学中有着丰富的连接方式。

通过连接乐高积木，儿童可以更容易地创造出更复杂的结构。此外，用于建构的乐高底板还会产生某类数学问题。在图4.4中，米拉用乐高积木创建了一个正方形，这需要她做出四个等长的边，并正确选择合适长度

图4.4　米拉用乐高积木做了一个敞口的正方形

的积木。之后，她选用积木准确地填满中间的空白空间，这促使她练习用许多小正方形组成一个大正方形。

此外，更高级的乐高套装通常会附带示意图来帮助儿童制作特定的项目。有时，幼儿教师对这些示意图持怀疑态度，因为它们会减少儿童想象和创造的机会。然而，从数学上讲，这些示意图为儿童提供了在物体的二维和三维表象之间转化的学习机会，这是一种在高年级做几何作

业时会使用到的至关重要的技能（2.G.A.1 & 6.G.A.4）。让儿童可以使用这些示意图，但不持续使用它们，是一个能够引入更多数学问题的好机会。

例如，在学校的家庭数学之夜，其中一个驻地有几盒乐高积木，包括车轮和树木等特殊部件以及特定项目的书面制作说明。4岁的戴利亚和母亲以及6岁的姐姐塔玛拉一起参加了这次活动。母亲拿着一所房子的书面说明，举在塔玛拉面前，静静地跟她讲建构的过程。塔玛拉小心翼翼地将积木与图片中的积木进行匹配，并努力创造出一个封闭的广场。戴利亚开始用2×8的积木建造一座塔，她寻找所有相同大小的积木，拒绝那些太短或太细的积木，最终接受了一些大小合适但颜色不同的积木。与此同时，塔玛拉已经为她的房子画好了平面图，开始自己砌墙，并确保找到长度刚好合适的积木。塔玛拉偶尔会停下来看看示意图，数一数积木的排数，以确保门或窗的摆放正确。戴利亚看了塔玛拉一会儿后，定位了一扇窗户和一扇门，并把它们紧挨着放在一起。她拉起母亲的衣袖，说："来看看我的房子。"母亲看了看，说："真漂亮，戴利亚。你接下来要做什么？"

案例中的戴利亚在母亲的帮助下用塔玛拉的建构物作为自己建构的范例，而塔玛拉依靠提供的示意图作为建构房子的范例。在这个过程中，两个女孩都仿照现实世界中的形状（K.G.B.5），建构了三维图形（1.G.A.2），并识别了具有特定属性的形状（1.G.A.1）。这个案例还表明，开放式积木游戏可以容易地满足不同儿童的需要。塔玛拉能够读懂示意图并建造一个围合结构，戴利亚则用完全相同的积木建造一座单独的塔。书面示意图促使塔玛拉进行更复杂的游戏，而塔玛拉的建构物激发了戴利亚的积极性。在积木区，复杂的游戏通常从一个儿童转移到另一个儿童身上，几乎不需要教师的干预。

花点时间考虑一下性别和积木游戏之间的关系是值得的。多年来的研究表明，男孩往往比女孩表现出更多对积木游戏的偏好（Kersh，

Casey, & Young, 2008）。然而，研究也表明，当女孩参与积木游戏时，她们会建造同样复杂的结构（Caldera et al., 1999），而且，无论表现出何种偏好，只要有机会，女孩确实会花大量时间玩积木游戏（Seo & Ginsburg, 2004）。关于积木游戏，一个重要的问题可能需要教师思考，那就是女孩是否能拿到积木。我观察到，在幼儿园教室里，当男孩试图收集所有可用的积木时，女孩往往很难进入放置积木的空间，也很难掌控自己的积木。不同的安排方式——比如在轮换区提供积木，或者将积木作为教师监督下的桌面活动的一部分——可能有助于支持所有儿童获得积木。

在开放式游戏中，教师可以通过问问题、设置问题和提供资源等方式为儿童提供进一步的支持，鼓励儿童把游戏玩得更复杂。还可以在儿童的游戏中引入数学术语，如"面""边""三角形的""长方形的"等。最近的一项研究表明，在积木游戏中，旁边的成人如果说一些引导性的话语，如"我想知道你是否可以建造一个有四面墙的房子"或者"有时人们会使用积木来连接结构"，儿童就会建造更复杂的结构（Gregory, Kim, & Whiren, 2003）。助教或家长志愿者扮演这些角色也许特别有效，因为教师的话语可能会被儿童理解为命令，从而扰乱开放式游戏的过程。

教师也可以通过拍摄建构物的图片来提出问题，并在游戏开始前将它们展示在积木区附近的公告板或互动式白板上。儿童可能会受到启发从而创造同样复杂的结构，甚至复制前一天同学做的东西，这需要大量的数学思考。此外，还需要一些资源，如积木的建构示意图或者大楼、桥梁的照片，它们在儿童的游戏中可以起到提示的作用，特别是在游戏开始前经常轮换和讨论这些东西的情况下。在积木区附近提供纸张、蜡笔和记号笔（以及随后展示作品的机会），可能会鼓励儿童展示自己的作品，支持他们在二维平面上绘制图形和展现三维物体。表4.1提供了一些教师的评论和问题，可以帮助儿童在积木游戏中聚焦于几何思维。

表 4.1 积木游戏中的几何学习

游戏情境	编号	数学概念	教师评论和问题
用不同大小的积木建构塔	K.G.A.1 K.G.A.2 K.G.B.4 K.G.B.6 1.G.A.2	• 命名形状 • 比较三维图形 • 组合图形	"你用的是什么积木？" "这两个积木有什么不同？" "你觉得能用小一点的积木建构这座塔吗？"
按照范例或示意图建构	K.G.A.2 K.G.B.4 K.G.B.5 1.G.A.2	• 识别现实世界中的几何图形 • 组合简单的形状或图形	"你需要用什么样的积木建构？" "这些积木中的哪个看起来最像？" "你的建构物和图片有什么不同？" "你看不见的那部分是什么样的？" "你能把照片上的脸拼出来吗？"
组合和分解复合形状	K.G.B.4 K.G.B.5 1.G.A.2	识别形状和图形之间的关系（例如，三角形可以拼成长方形）	"还有什么东西可以装进这个空间？" "有什么不同的方法来建造它吗？" "你能用更多/更少的积木做同样的东西吗？" "做一块紫色方块需要多少块绿色积木？"
建造复杂的建构物或填充一个区域	K.G.B.4 1.G.A.2 2.G.A.1	• 使用几何语言 • 识别和绘制形状	"我想知道，需要多少小积木才能填满那个空间。" "也许可以把什么东西拆开来试试。" "你觉得能在另一边建一个同样的塔吗？" "你能告诉我你做了什么吗？" "你能把你所做的画下来吗？"

拼 拼 图

拼图，既包括通常在家庭使用的基于图片的传统拼图，又包括用图案积木操作的几何拼图，为儿童提供了实验和操作形状的重要机会。特别是拼图可以让儿童识别形状，不论它们的方向如何，都要将它们旋转到与空白处匹配，还可以练习组合和分解图形。一项关于儿童在家玩拼图的研究发现，26—46个月时玩拼图的儿童在56个月大时的空间技能测试中比没有这些经验的儿童表现得更好（Levine，Ratliff，Huttenlocher，& Cannon，2012）。当儿童玩拼图的时候，他们通常会在识别和操作形状、组合和分解图形方面变得更加擅长。儿童开始倾向于通过试错和有意使用策略来拼拼图（Clements，Wilson，& Sarama，2004）。传统拼图和几何拼图为发展不同的几何思维和策略提供了机会，儿童从这两种拼图游戏中受益。

如图4.5所示，通常情况下，一旦儿童不再反复试错，他们就会开始尝试将拼图碎片的形状与洞的形状或轮廓对齐。这种策略是有效的，它强调识别经过旋转的碎片形状，并帮助儿童发展记住几何图形的能力。4岁的贾内尔主要依靠这种策略在自由游戏时玩拼图，她试图找到与拼图背面轮廓形状相匹配的碎片，旋转它们进行匹配。然而，许多碎片非常相似，使得这项任务非常困难。当教师经过时，她与贾内尔唯一的互动是称赞她的努力，并鼓励她坚持下去。大约10分钟后，贾内尔变得沮丧，离开了拼图区。

图 4.5　男孩在拼一个图案拼图

与此同时,丹尼莎在大约 6 分钟内完成了同样的拼图。有时,她会依靠贾内尔的形状识别策略,尤其是在把边缘平整的碎片放在一起的时候。但她通常会把图片想象成一个整体,做出这样的评论:"这片上有斑点,所以它是长颈鹿。它在这里。"丹尼莎在考虑单个碎片的形状和把每个碎片识别为大图像的一小部分之间思来想去。这种分解大图的能力使她不仅高效地拼拼图,还发展出可以用于其他情境的更为广泛的组合和分解图形的技能。久而久之,那些想出了多种难题解决策略的儿童往往会把更多的空闲时间花在拼拼图上,从而在操纵和观察图形方面变得更加高效,而依赖试错的儿童往往会在获得解决问题的满足感之前就放弃拼图。在课堂上,教师很少明确地说出拼拼图的技巧。然而,通过细心地支持拼图游戏,明确地说出其他儿童使用的策略,在适当的时刻建议特定的策略,教师可以帮助所有儿童更成功地拼拼图。

图案积木拼图为儿童提供了一种相对容易的拼图方法。这些拼图很容易被找到并具有不同的建构难度,使得所有儿童都能获得成功体验,发展识

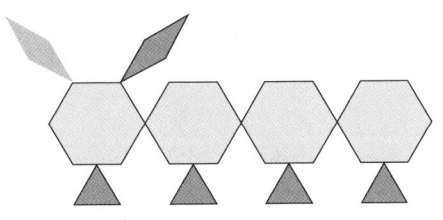

图 4.6 图案积木拼图

别和操作形状、组合和分解图形的能力。图 4.6 是由美国国家数学教师委员会(National Council of Teachers of Mathematics)提供的"形状工具"建构的,儿童可以用计算机操作屏幕上的方块,教师可以将其打印出来在课程中使用。

许多现成的结构也可以在网上和教师资源书中找到。毛毛虫是一个相对简单的图案,为儿童提供颜色来支持他们定位正确的形状并使用相对较少的积木。但是,儿童必须识别正确的形状,并把它们恰当地排列。随着儿童技能的提高,可以使用黑白结构以及需要使用多种积木建构形状的图案。

教师需要有意识地在一年的不同时间选择拼图,既要保持儿童的兴趣,又要为那些不需要思考就能完成熟悉的拼图的儿童提供持续的挑战。可以在游戏时间之前引入新的或具有挑战性的拼图,以激发儿童的兴趣并强调有用的策略。表 4.2 提供了教师在拼图游戏中支持儿童的思考时可能提出的各种问题。

表 4.2　拼图游戏中的几何学习

游戏情境	编号	数学内容	教师评论和问题
		数　学	
图片拼图	K.G.A.2 K.G.B.6	• 旋转形状进行匹配 • 组合和分解图形 • 创造心理意象	"你在哪里看到了平面？" "你认为那是整个图片的哪一部分？" "你能猜出哪些碎片在拼图的底部，哪些在顶部吗？" "哪些颜色是在一起的？" "你能在脑子中看到已经拼好的拼图吗？"
几何拼图	K.G.A.1 K.G.A.2 K.G.B.6 1.G.A.3	• 命名形状 • 识别不同方向的形状 • 组合图形 • 创建和使用复合形状	"你能用另一种方法解决这个难题吗？" "你能用最多/最少的形状来制作它吗？" "你现在能在图中看到哪些形状？" "你知道如何用图案积木做出多种多样的形状吗？"

探索娃娃家游戏

　　积木和拼图为儿童提供了两个清晰的游戏情境，有利于他们探索空间关系并发展视觉推理能力。此外，教室里充满了试验几何概念的更多机会。儿童可以用橡皮泥和图画纸来裁剪或绘画出各种形状。通过绘画，他们既可以练习创造规则的图形，又可以练习呈现多样的二维世界。事实上,当研究游戏和在正式的任务中设计积木结构的能力这二者之间的关系时,研究人员发现,花更多时间在与艺术相关的任务上的儿童比没有花更多时间参与艺术相关活动的儿童表现得更好(Caldera et al., 1999)。娃娃家游戏还未被实证研究它与几何学习之间的关系,然而这类游戏玩具可以为儿童提供丰富的经验。在寻找班级中的数学学习机会时,教师要牢记,尤其是对女孩来说,她们可能花更多的时间在这些空间里。

在最基本的层面上,假装游戏广泛地发展了支持数学学习的思维方式。当儿童参与假装游戏时,他们发展了将一个物体表征为两个物体的能力,以及创造心理表征的能力(Lillard, 1993)。例如,当一个儿童用碗里的珠子假装喂"宝宝"时,她既认识了珠子和婴儿食品,又认识到和两个玩伴一起在教室角落里创建的"房子"。他们可能会构建心理表征中的卧室、门廊和洗衣间,这些只存在于他们的脑海中。这种思维方式与高年级儿童理解"纸上的线既是纸上的线,也是贯穿无限空间的假象线"非常相似。

更特别的是,使用假装的食物、娃娃和娃娃衣服玩游戏为儿童提供了以各种方式操作形状的机会。例如,当贾内尔在游戏时间结束开始收拾整理时,把一块方形毯子对折,然后再对折,她就有机会理解对称性以及如何将长方形分解成其他形状。同样,当阿莉莎和朋友们坐在一起边折一篮子婴儿衣服边聊天时,她们有机会找到各种形状的对称线,然后不断地折,直到找到相匹配的线。教师可以在这些时候提问("你认为,你能把所有的衣服都刚好对折叠起来吗?为什么?"),或者只是顺便说"你折得刚刚好",从而让女孩关注她们正在做的数学活动。

在厨房里,显示盘、叉、刀和杯子摆放位置的餐垫图不仅能教会儿童如何摆桌子,还能给他们提供将二维图形与三维物体相匹配的经验。水果和蔬菜可以被切割并粘在一起,这让儿童有机会试验分解三维物体时会发生什么。在厨房里储备材料,鼓励儿童制作、切割,并提供圆形比萨和方形馅饼等食物让儿童尝试分解和组合形状。这些材料可以用橡皮泥、纸板或购买的积木套装来制作。把作品画出来给儿童提供了在二维平面上呈现物体的练习机会。在游戏时间开始时提出任务建议也可以让儿童专注于自己的工作，比如"我想知道，你能用多少种不同的方法切一张比萨"或者"我想在你设计完成后看看你的蛋糕图片"。

把积木、拼图和娃娃引入正式课程

当然，如果教师在游戏时间参与其中，并注意儿童独立探索的数学，他们就可以强调大量的数学知识。此外，正如第3章所讨论的，允许儿童在游戏前制订计划并在游戏后分享自己的工作故事，将为他们提供更多的学习机会。然而，儿童在几何学习中也需要系统的、有意识的指导。如果把这种指导与儿童在空闲时间的游戏体验联系起来，这种指导就会是最有效的。因为它是建立在儿童已经形成的理解之上的，也因为它可以提供新的思维方式，儿童可以利用这种思维方式使游戏更加复杂。

虽然第10章将更深入地讨论如何设计基于游戏的正式课程，但是本章的结尾也会提供一些活动建议，特别是与几何有关的活动，包括活动区、任务、热身和过渡活动。

活动区

活动区在任何教室都很有效，因为它为所有儿童提供了参与特定任务的机会，同时尽量减少所需材料的数量。特别是教室里用的木质积木套装可能非常昂贵，而要找到足够的资源为班里所有儿童买到足够的积木可能让人倍感压力。但是，一个为四名儿童设计的积木区需要的材料要少得多。此外，活动区可以提供一个空间，在紧凑的日程安排中注入游戏和探索。首先，二年级或三年级的教师，甚至一些地区的幼儿园教师可能发现很难在白天提供自由游戏时间，但活动区提供了可以进行一些游戏的空间。对于经常有自由游戏的教室，活动区可以提供一个空间帮助儿童将游戏数学化，发展新的技能并不断练习。用纸牌标注州共同核心标准或其他地区的指南，可以帮助管理者和其他参观者认识到活动区正在进行的重要数学工作。

创设一个舒适的活动区，包括给木质积木或乐高积木作品（如图4.7和图4.8所示）拍摄照片，然后让儿童重新创作。

图4.7　要复制的积木结构

图4.8　要复制的乐高积木结构

这个活动鼓励儿童变换几何图形的多种表现形式，在头脑中操作图像。如果和伙伴一起，就可以练习使用几何词汇来描述正在做的事情。教师可以给他们或其他儿童创作的作品拍照，然后选择特定的图片来创造在教室里玩积木的新方法。在经历了许多类似的活动后，儿童可以在文件夹后面建构积木，然后只用口头语言帮助同伴重建结构。

当然，不论图片拼图还是几何拼图，都可以用于活动区。同时，区域活动时间也便于教师为支持儿童的思维而做出有意识的选择。一个系列的图案积木拼图可以按照难度顺序排列，儿童可以完成一个后再进入下一个。如果有计算机，那么儿童可以在虚拟环境中拼拼图，也可以创造图案积木拼图让朋友来完成。更高级的活动可能涉及在创建图形时遵循相应的指令，如要使用的图形数量或让某些图形必须接触的方式（例如，一个六边形必须与一个三角形共用一条边）。

娃娃家游戏可以在活动区进行，儿童在这里用纸裁剪娃娃的衣服来探索对称线。儿童可以剪出衬衫、裤子、连衣裙和裙子的图样，并将"衣物"沿对称线折叠起来，也可以在娃娃家或积木区创作他们想要创建的"房子"的示意图。创作示意图有助于发展抽象表征能力以及将数字视为代表现实世界中事物的符号的能力。最后，活动区在没有时间进行开放式游戏和探究的教室里为儿童提供了游戏空间。如果儿童从来没有机会自己玩，那么教师可以创建一两个活动区，在那里儿童可以自由地用木质积木或乐高积木建构，或者探索拼图。

任务

在自由游戏时间，教师可能会注意到儿童没有尽可能深入地探索数学（当然，儿童在游戏时还有其他事情要做）。或者，教师可能在工作环境中感到无法为儿童提供自由的游戏体验，但可能仍然想要寻找一些探索的机会，把游戏的乐趣带到数学课中。第9章将深入谈论基于游戏的课程计划，然而，这里有一些与几何学习紧密相关的任务想法。

正式课程为教师提供了将数学词汇与儿童在游戏时可能使用的形状和图形联系起来的机会，并支持儿童使用日常游戏材料以更复杂的方式游戏。在自由游戏中使用的许多相同的材料支持正式的课程，使用相同的材料可以帮助儿童在正式的数学课程和游戏之间建立联系。例如，教师可能使用几何语言（六边形、正方形-长方形、边、角等）描述一个积木结构或图案积木拼图，并让儿童在桌子上创造这个形象。表4.3展示了一些在游戏情境中可能被强调的重要的几何词汇。在交互式白板上展示精巧的图形，儿童就可以修改自己的作品，使之与白板上的图形相匹配。教师也可以就儿童创造的书面图形与儿童进行交流。在学习如何使用等距点纸来表征三维物体时,儿童可能需要指导,并被鼓励勾画和标记图案积木。另一种方法是鼓励儿童发现创造相同图形的多种方法,并记录使用了哪些积木或形状。这些活动可以帮助儿童掌握组合和分解图形的能力,这也是州共同核心标准所强调的技能。其中的对话还可以帮助儿童学习识别图形,如三角形和长方形,无论它们的方向如何。

表 4.3　拼图游戏和积木游戏中的关键词汇

• 上面	• 圆形	• 边
• 下面	• 正方形-长方形*	• 角
• 旁边	• 三角形	• 面对
• 前面	• 长方形	
• 挨着	• 面	

＊幼儿经常产生一种错误的观念,认为正方形不是长方形。使用这种方式可以帮助他们认识到正方形是特殊的长方形(NRC[1],2009)。

研究还表明,用故事促进儿童建构积木和拼拼图可以帮助他们创造复杂的结构,这需要更高级的几何思维(Casey, Erkut, Cedar, & Young, 2008; Casey, Kersh, & Young, 2004)。故事有助于儿童尝试用图案积木或七巧板创造图形,或鼓励儿童用积木建造更复杂的结构,如拱门、围栏或对称物,可以激励许多儿童,并为其他人提供想法。表4.4 展示了有助于激发儿童几何思维的书籍。教师介绍这些书籍后,儿童可以在游戏时间或活动区里自由阅读。

---

[1] 英文全称为"National Research Council",即美国国家研究委员会。——译者注

表 4.4　启发几何游戏的书籍

- 《唐爷爷的故事》(*Grandfather Tang's Story*，Ann Tompert)
- 《贪心的三角形》[1](*The Greedy Triangle*，Marilyn Burns)
- 《东西的形状》(*The Shape of Things*，Dayle Ann Dodds)
- 《儿童积木建构》(*Block Building for Children*，Lester Walker)
- 《千变万化》(*Changes, Changes*，Pat Hutchins)
- 《积木城市》(*Block City*，Robert Louis Stevenson)
- 《与幼儿一起建构积木》[2](*Building Structures with Young Children*，Ingrid Chalufour & Karen Worth)

热身和过渡

有许多与几何相关的快速活动，教师可以在课程开始或过渡环节开展，这将帮助儿童在更多的数学情境中思考游戏。当教师在故事或其他情境中引入数学概念时，儿童在游戏时更有可能接受这些概念（Wager，2014）。许多活动都可以通过交互式白板或投影仪完成。图案积木拼图、积木结构和七巧板的图片，都可以在互联网上很容易地通过图像搜索找到。这些图片可以在屏幕上闪现几秒钟，然后请儿童描述他们看到了什么。这提供了练习命名图形、相接的边或面以及分解图形的机会（K.G.B.4；1.G.A.1；1. G.A.2；2.G.A.1）。这些图片还可以给儿童提供一些想法，让他们知道在空闲时间可以建构什么。

另一项活动是把一个木质积木或图案积木藏起来，然后教师描述物体的特征，儿童猜这个物体是什么。练习后，儿童可以选择一个图形并提供线索。也可以把一个物品放在一个袋子里，让儿童通过触摸来辨认。这种活动迫使儿童把注意力集中在形状的特征上，而不是视觉标识

---

[1] 该书的简体中文版由新蕾出版社于 2008 年出版。——译者注
[2] 该书的简体中文版由南京师范大学出版社于 2017 年出版。——译者注

上，比如图案积木的颜色。还可以在投影仪屏幕上分散图案积木，让儿童识别。这有助于向儿童证明，方向在命名一个形状时并不重要。在过渡时间也可以展示儿童在课程上完成的拼图和创造的积木结构。如果课程上没有固定的时间来分享，那么展示可以激励儿童创造新结构，也可以为其他儿童的未来创造提供想法。虽然这里提到的活动不是游戏，但它们确实为教师提供了一个机会，将数学词汇与游戏中使用的材料联系起来，并提供了一种激励儿童在未来拓展游戏的方式。

在低年级的正式几何课上，儿童通常学习识别形状和描述它们的特征。但是，他们常常没有机会发展更广义的视觉技能。例如，在脑海中创建和操作一个图像，而这对更高级的几何学习是至关重要的。游戏提供了一个重要的情境，儿童可以依此发展视觉思维方式，学习几何问题的解决策略，这将支持他们以后学校生活中的数学学习。

第 5 章

用游戏和玩具学习数字与运算标准

经过近 4 个月的练习，儿童可以口头数到 20 并独立计算小的数集，康纳老师决定是时候加深学龄前儿童的数字感。她在白板上画了四个点，让埃利奥特点数。

埃利奥特：1、2、3、4。

康纳老师：你数了多少？

埃利奥特：4。

康纳老师（在点上面写了一个"4"）：假设再加一个点（如图 5.1 所示），我需要说什么？加多少？

埃利奥特：1。

康纳老师：一共有多少？

杰琳：两个！

康纳老师（指着）：数一下。

埃利奥特：1、2、3、4、5。

康纳老师（在 4 后面写上"+ 1 = 5"）：埃利奥特，你能读这个吗？

埃利奥特：4 等于？

康纳老师（指着4）：4 加……

埃利奥特（看着康纳老师的手指）：4 加 1……等于 5。

康纳老师：对，就是这样。

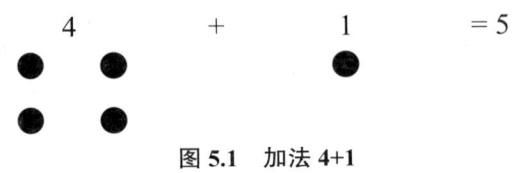

图 5.1　加法 4+1

在与埃利奥特合作之后，康纳老师与其他几名儿童重复了这个活动。她在白板上呈现的下一个问题如图 5.2 所示。尽管康纳老师所点名的儿童在她的指点下可以正确地读出这个问题，但地毯后面的许多儿童都在低声说："8！""那是 8！"

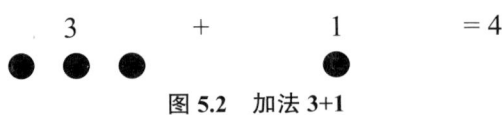

图 5.2　加法 3+1

像上面这样的场景在幼儿园教室里很常见，教师不确定儿童除了计数和加减法运算之外，还需要知道什么数字知识。这在没有正式的数学课程来支持教师思考的幼儿园教室里尤其如此。但从早期的计数到使用符号的正式加法运算的飞跃是重要的，上述儿童的困惑就可以证明这一点。虽然埃利奥特能够给出正确的答案，但他主要是通过跟着教师点数和重复做到的。当杰琳喊出"2"和地毯后面的孩子低声说"8"时也表明，他们仍然把这些问题当成计数问题来思考，对加法运算的含义、符号代表的含义，或像"加""等于"这样的词汇应该表达的含义知之甚少。他们对计数的唯一经验就是识别集合中物体的数量。为了有效地进行加减法运算，儿童首先需要发展丰富的数概念，不仅要确定集合中的数量，还要理解数字之间的关系，如哪个数字大、哪个数字小，当组合或拆分数集时会发生什么。

理想情况下，幼儿在学习加减法的正式词汇和符号之前，应该对数字及其关系有广泛而深刻的理解。幸运的是，游戏情境为儿童提供了多种有意义的机会来建立这些理解。然而，为了做到这一点，教师自己必须明白，早期数字学习并非只是死记硬背和有意义地计数。

数字学习的核心经验

幼儿首先必须掌握的技能是口头数数，识别书面数字符号、基数和一一对应关系（NRC，2009）。几乎所有的儿童通过家庭经历和在早期教育机构中的学习都能背诵20以内的数字并识别书写的数字。此外，作为常规内容，许多幼儿园活动提供了练习这些技能的机会，如日历活动、唱数歌、阅读数学相关的书籍。当机会出现时，教师很可能会鼓励儿童口头数数和读数字。然而，基数和一一对应关系通常较少受到关注。

认知基数是一种识别能力，当一个人点数一个集合时，最后说的数字表示集合的数量。经典的计数测试包括让儿童数一个集合里的所有物品，听答案，然后再问一遍有多少物品。表5.1提供了一个对两名儿童进行面谈评价的案例，其中一名儿童已经发展了基数认知能力，而另一名儿童还没有。具有基数认知能力的儿童通常会重复他们的答案，而仍在发展这一技能的儿童会回过头来重新数数。儿童不能仅仅通过直接的指导来学习基数。也就是说，不能简单地告诉他们，计数中的最后一个数字就代表集合的数量。他们必须通过反复计数来获得这项知识。同样，一一对应关系也可以通过反复练习得到发展。"发展"意味着儿童知道每个数字必须与集合中的一个且只有一个对象相匹配。知道一一对应关系的儿童在计数时不会跳过或重复计数,尽管他们可能在能够将这种技能应用于更大的集合之前就已经掌握了小集合的一一对应关系。

表 5.1　基数原则

萨迪计数

询问者(在萨迪面前将五块积木排成一排):你能帮我数一下吗?

萨迪(轻触每一块积木):1、2、3、4、5。

询问者:一共有多少块?

萨迪(把积木堆成一堆,然后轻触每一块积木):1、2、3、4、5。

询问者:有多少呢?

萨迪(触摸每一块积木):1、2、3、4、5。

克莱尔计数

询问者(在克莱尔面前将五块积木排成一排):你能帮我数一下吗?

克莱尔(一边数一边看着每一块积木):1、2、3、4、5。

询问者:这里一共有多少块?

克莱尔:五块。

在思考早期数学教学时,认识到全班活动很少能为儿童学习基数和一一对应关系提供机会,是很重要的(尽管它们非常有助于儿童口头计数和识别书面数字)。要想成为熟练的计数者,儿童必须反复练习计算他们能接触的物体,这让游戏和小组活动成为发展这些技能的理想场所。

在早期的计数技能发展之后,在儿童开始思考正式的加减法运算之前,他们仍然可以从发展各种各样的数字关系中受益。当儿童能流畅地数出可以触摸的物体时,他们就能从练习数看不到的物体的活动中受益,这需要他们想象这些物体。例如,儿童可以边把物体扔进杯子里边数一数物体的数量,或者在同伴把一堆物体藏起来之前先看一看,然后数一数刚才有多少个物体。此外，可以支持儿童在无论有无实物的情况下，"依靠"物体进行数数，或从 1 以外的数开始数数（Steffe & Cobb，1998）。例如，一个儿童有三只娃娃熊，它们是一个家庭，然后数添加了某个熊后的总数。就最初的小熊一家而言，儿童是从数字 3 开始计数，而不是每次都把小熊一家再数一次。当儿童开始学习加法时，依靠实物进行计数是有用的，但是他们要在开始学习正式的加法之前，通过计数情境掌握这种技能。

最后，低年级儿童应该对数字关系有很强的理解，这有助于他们在整个小学阶段的数学学习。儿童需要活动和游戏的经验，让他们能够识别出一组物体数量的多、少和相同；识别出比目标数字多一个或少一个的数字；理解数字与基准值 5 和 10 之间的关系；组合和分解数字 1～20，认识到这些数可以以不同的方式分解和组合。例如，数字 4 可以被认为是 1 和 3、2 和 2、3 和 1 的组合。很明显，对分解和组合的掌握将有助于儿童以后的加减法学习（Van de Walle，Karp，Bay-Williams，& Wray，2007）。

用玩具进行计数和比较

在幼儿园教室里提供吸引人的玩具等物品，给儿童提供计数和比较的自然机会。儿童可能会摆放一列玩具汽车，数数看谁的汽车最多，或者摆一组动物，数数看每组的数量是否相同，就像图 5.3 中的小女孩正在做的那样。

教师可以通过鼓励儿童做更多的事情而不仅仅是简单地数集合中的数量来支持这些儿童计数。可以问一些问题，如"哪堆动物更多？"或者"詹娜多出多少？"，引导儿童学习更复杂的数学知识，而不是简单地问"有多少？"。此外，当教师看到儿童在数玩具时，可以提供一些策略促使儿童更成功地计数，比如让儿童在数的时候触摸每个物体，或者提供不同的摆放方式。这些非正式的计数时刻也为教师提供了观察儿童的机会，以评价他们在口头计数、一一对应和基数方面的进步。有些儿童可能在这些非正式环境中比在评价环境中表现得更好。教师还可以通过设计如表 5.2 所示的活动区，为儿童提供练习计数的机会。

图 5.3　克洛正在数恐龙

表 5.2 早期数字发展区

1. 数学晾衣夹

为儿童准备一篮子数字卡片，把"0 和 5"或"0 和 10"固定在晒衣绳上。让儿童把卡片用晾衣夹夹在合适的地方。（还可以通过使用更大的数字或省略一些数字来增加挑战性。）

2. 数字博物馆

去掉小篮子和数字卡片。儿童可以在篮子里装与卡片上的数字相对应数量的物品，并把它们排在书架上，这样就可以做成一个数字博物馆。（儿童也可以把卡片拿出来，请朋友把卡片放在正确的篮子里。）

3. 更多/更少/同样

三个盘子为一组，准备多组，每一组都贴上表示"更多""更少"和"同样"的标签。提供一些装有不同物品的容器，如熊、汽车、钥匙或贝壳。儿童可以自己玩，也可以两人一组，把数字卡片翻过来，相对应地贴上"更多""更少"和"同样"的标签。

4. 数字的组合和分解

为儿童提供垫子、根据年级水平提供 1—5 或 1—10 的数字卡片，以及一组不同颜色的物体，如熊、汽车、水果或任何可用的操作物品。邀请儿童找到尽可能多的方法来表示每一个数字。（例如，两只蓝熊和三只红熊；四只黄熊和一只红熊等。）如果有一套图片，那么可以剪切和粘贴它们来匹配数字对象，儿童可以在室内展示他们的贴画。

当儿童进入幼儿园大班和小学一年级时，他们需要理解更多的数字。收集玩具对于提升这些技能仍然很重要。数大量的物体不仅给儿童机会练习以正确的顺序数到 100，还能使儿童探索用各种方式对物体进行分组计数。教师可以建议以 5 和 10 等简单数字作为基准值进行分组，以此帮助儿童适应基准值并培养位值感（a sense of place value）。大数集也可以用来吸引儿童参与鼓励计数的艺术项目，比如制作 20 元、50 元或 100 元的贴画。通过提供吸引人的材料，如绒球、纽扣、亮片，教师可以邀请儿童参与这些项目，并将其作为选择时间的一部分。对于实物

的计数在幼儿园和小学低年级是很重要的，有助于帮助儿童学习基数、一一对应和数字关系。在小学低年级，计数活动通常与日历相关。然而，在计算一周的天数或冰棒棍时，往往只有一名儿童（有时只是教师）有机会触摸被计算的物体，但只是看着别人数数对儿童发展早期的数字感并没有太大帮助。

支持比赛游戏

在幼儿园大班、小学一年级和二年级，比赛可以为儿童提供学习更复杂的数字关系的重要机会。在投掷骰子时，他们会想自己比朋友投到的数字多了多少或少了多少；计算出棋盘上还有多少空格，以及投掷出的数字是否足够。在精心设计或选择的游戏中，他们需要决定如何在多个棋子中划分出投掷到的数字。当然，比赛也可以用于幼儿园中班。然而，对儿童来说，驾驭比赛游戏中的社交和情感体验往往是一项挑战，他们可能很难专注于数学问题，因此甚至在小学低年级，教师在提供更复杂的比赛之前可能会引入像《糖果乐园》[1]（Candyland）这样的简单游戏。通过比赛有效地学习数学之前，儿童需要有多种经验来管理输赢的感受（许多儿童在比赛时不知道自己因输赢而产生的紧张感），以及谈判、轮流和分发材料等社交实践。然而，一旦掌握了这些技能，比赛就可以为儿童提供一个高度激励的环境，让他们围绕更多和更少、基准值5和10以及组合和分解数字来学习数字关系。

研究人员发现，玩线性棋盘游戏可以提高儿童的计算、估算和比较数字的能力（Siegler & Ramani, 2009）。即使是在相对短暂的游戏体验中，也可以记录到儿童表现出的积极变化。例如，拉曼尼和西格勒（Ramani & Siegler, 2008）发现，与儿童一起玩4次15分钟

---

[1] 一种适合3岁以上儿童玩的棋盘游戏。——译者注

的线性棋盘游戏可以改善儿童在数轴任务中的表现。偶然地，他们发现玩带有圆形轨迹的游戏没有产生同样的效果（Ramani & Siegler，2009）。在另一项研究中，同一组研究人员发现，与其他与数字相关的活动相比，玩线性游戏对儿童估算、比较和识别数字的能力有更积极的影响，而这些收获对低收入家庭儿童来说甚至更显著（Ramani & Siegler，2011）。研究人员在其他情况下也证明了类似的发现（例如，Wang & Hung，2010；White & Bull，2008）。

商业游戏

任何需要计数和沿着一系列空格移动的游戏对儿童来说都是有效的，因为儿童必须在棋盘空格内正确计数。例如，在骰子游戏中，他们如果想赢，就要给自己提出问题，比如：她比我领先多远？我怎样才能赢？离棋盘尽头还有多少空格？表 5.3 提供了在游戏过程中支持儿童的数字思维的建议。

表 5.3　支持游戏过程

通常在比赛游戏过程中，成人的提示可以把儿童的注意力集中在数学上。以下是一些在观察时可以问的问题：
- 你还需要多少才能赢？
- 谁的最多？
- 你数的时候可以触摸空格吗？
- 如果你得到"2"，会发生什么？
- 她比你领先多远？

在将比赛游戏引入小学低年级课程时，每次引入一个游戏是有意义的。这样儿童就有机会掌握游戏玩法，并深思熟虑地选择游戏，使大多数智力挑战围绕数学而不是游戏的过程。另外，从儿童的注意力集中水平和可以自由玩游戏的时间两方面考虑比赛的时长也是很有用的。从数学和社交复杂性两个角度考虑比赛，可以让教师确定哪些比赛适合儿童，哪些比赛应该首先引入。以下是一些成功地整合了与数字相关的不同数学技能的游戏，根据数学性和社交水平由简单到复杂地排列。表5.4显示了游戏和州共同核心标准之间的关系。

表5.4　州共同核心标准和数学比赛

年级	标准	游戏
幼儿园大班	K.CC.A.1. 1个1个地数和10个10个地数，数到100。	·《数小鸡》（Count Your Chickens） ·《摘樱桃》（HiHo! Cherry-O） ·《滑梯和梯子》（Chutes and Ladders） ·教师设计的线性棋盘游戏（使用精心设计的转盘或骰子10个10个或1个1个地移动）。
	K.CC.A.2. 从已知集合的给定数字开始计数。	·教师设计一种线性棋盘游戏：鼓励儿童说出自己的棋子在什么位置，然后从这里出发继续数每一个方格（例如，如果一名儿童用骰子掷出"3"，他的棋子在"5"的方格里，那么他应该说"6、7、8"，而不是"1、2、3"）。
	K.CC.A.4. 理解数与量之间的关系；将计数与基数相联系。	·《数小鸡》 ·《摘樱桃》
	K.CC.B.5. 数一数并回答"有多少"。	·《数小鸡》 ·合作抓取游戏：提供一罐小物品（如按钮、棉球、积木）。两名儿童每人拿一把，数一数总共有多少并记录答案，然后送回物品并继续游戏，直到不能超过之前的总和。
	K.CC.C.7. 比较1和10之间的两个书写数字。	·"对抗"式纸牌游戏，每副纸牌都包含多组数字1~10。

续表

年级	标准	游戏
幼儿园大班	K.OA.A.4. 找出数字1~9中与给定数字相加等于10的数字。	• 得10纸牌游戏：以游戏《钓鱼》（Go Fish）或《全神贯注》（Concentration）为模板，儿童使用一组数字为1~9的纸牌，配对相加等于10。
幼儿园大班	K.OA.A.3. 将小于或等于10的数用多种方法分解成两个数字。	• 《对不起！》（Sorry!） • 得"X"纸牌游戏：就像得10纸牌游戏一样，选择不同的数字相加得5、6、7、8或9。
小学一年级	1.NBT.A.1. 从任何小于120的数开始，数到120。	• 《对不起！》 • 《麻烦》（Trouble） • 教师设计的线性棋盘游戏。儿童装饰棋盘，游戏可以通过使用不同类型的骰子（大数字、小数字、数字符号、点等）而改变。
小学一年级	1.NBT.C.6. 在10~90的数字中，用10的倍数减去10的倍数。	• 教师设计的线性棋盘游戏，目标是得出从0~90中的数字。 • 儿童可以通过翻转数字为10的倍数的纸牌来移动棋子。
小学一年级	1.NBT.B.3. 根据十位和个位上数字的含义比较两个两位数。	• "对抗"式纸牌游戏，每副纸牌包含数字0~99。

续表

年级	标准	游戏
小学二年级	2.OA.B.2. 能熟练地心算20以内加减法。	•《正面朝上全神贯注》（Face Up Concentration）：在两名儿童之间摊开25张0～19的数字牌，正面朝上。儿童必须选择两张数字牌，然后在心里正确地将它们相加，也可以用计算器检查对方的答案。
小学一年级	2.OA.C.4. 使用加法得出5×5数字矩阵（每排和每列可以少于五个数字）中数字的总数。	•《全神贯注》：用一组数字与5×5矩阵中的数组相搭配。儿童翻纸牌，在矩阵中找出相加得出纸牌上数字的数组。
	2.NBT.A.2. 数到1000；5个5个、10个10个或100个100个地数。	•教师设计的线性棋盘游戏，有标记到1000的空格。儿童可以通过用标有5、10或100的倍数的纸牌或转盘移动。
	2.NBT.A.4. 根据百位、十位、个位上的数字比较两个三位数。	•"对抗"式纸牌游戏，每副纸牌包含数字0～99。

《数小鸡》。这款游戏的玩法非常好，因为它是一个合作游戏，意味着所有儿童统一战线，无论输赢。因此，儿童必须学会轮流，但不会对输赢感到焦虑。这款游戏有一个图片转盘，儿童根据转盘指针的提示在棋盘上将母鸡立牌移至图片所指的位置。然后，儿童数一数自己移动的空格数量，再数出应该收集的小鸡数量。这给儿童提供了两个机会进行一一对应地点数。当所有儿童都走到棋盘的尽头时，游戏结束。儿童如果这时候收集到所有小鸡，就会获胜。否则，他们将输给狐狸。

《摘樱桃》。儿童旋转转盘，确认应该从挂着10颗樱桃的树上取下多少樱桃。转盘上显示的是樱桃图片，所以儿童不需要认识书面数字就能玩游戏。在任何一次旋转中，儿童最多能取走 3 颗樱桃，这使得游戏对那些刚刚掌握一一对应关系的儿童和刚刚学会轮流且优雅地输掉比赛的儿童来说非常有效。这款游戏的移动速度相对较快，儿童较少感到挫败感。儿童被告知转盘上的符号意味着什么后，就可以在不需要成人指导的情况下玩游戏。除了计数，游戏的形式还鼓励儿童计算出他们还需要多少才能赢、自己比朋友多还是少、在支持下相加数字得出 10。与表 5.5 所描述的游戏不同，这款游戏为儿童提供了在游戏情境中练习有意义地计数的机会，既不会让人感到困惑，又不会让人感到沮丧。

表 5.5　游戏《滑梯和梯子》

《滑梯和梯子》是一款针对儿童的计数游戏。然而，这款游戏经常会让儿童感到沮丧。游戏的目标是到达有 100 个空格的棋盘的尽头。儿童有时可以从梯子上抄近路，有时会从滑梯后退。数字在棋盘上排成一行，每一行从右向左而不是从左向右排列。这种安排可能会让儿童对计数感到困惑。这款游戏的数学要求主要是对数字 1~6 进行计算，最适合幼儿园儿童。然而，游戏的长度、棋盘上数字的大小以及令人困惑的数字布局，使儿童很难在游戏中获得成功。年龄较大的儿童可能会从 6~35 的加法问题中受益，但他们不太可能觉得这款游戏特别有吸引力，而且游戏本身也没有什么能够鼓励年龄较大的儿童使用心算而非简单地计算空格。也就是说，如果你有《滑梯和梯子》这款游戏，而且儿童喜欢它，那就继续使用它。然而，如果你正在收集一些游戏，那么你可能会发现从其他游戏开始会比较有效。

多米诺骨牌。 每张骨牌上最常见的贴片带有两组圆点图案，代表数字 0~6，可以灵活地用来强调不同的数学技能。在最基本的水平上，儿童可以画 7~10 张骨牌，并在棋盘中间选择一张骨牌开始游戏。儿童通过每次将多米诺骨牌的圆点图案与桌子上显示的圆点图案相匹配来添加一张骨牌。如果没有骨牌了，那么可以从剩下的骨牌中选择另一张骨牌。当一名儿童清空所有多米诺骨牌时，游戏就结束了。这个版本的游戏便于儿童练习识别小数字的视觉表现形式，并通过计数来确认。也可以改进游戏，比如让儿童将多1、少1或等于5的模式排成一行，而不是匹配相同的数字。该游戏的许多其他版本都可以在网上找到。

《麻烦》。儿童通过掷骰子的方式在棋盘上移动四个棋子，从而认识骰子上写的数字和计数。在每个回合中，儿童必须决定移动哪个棋子，然后计算适当的空格数。多个棋子的存在意味着儿童可能会在决定行动路线之前，数出多个棋子的移动空格。因此，游戏鼓励儿童快速计数，并朝着能在不触摸棋盘上每个空格的情况下发展计数能力。此外，儿童可以通过将自己的棋子落在对手的棋子上，将对手的棋子送回起点，这让他们有机会估算这种移动何时可能发生。当然，游戏的这个特征对幼儿来说比较困难，他们可能需要成人的指导来适应。

《对不起！》。与《麻烦》一样，儿童必须在棋盘上将棋子从起点移动到终点，但其玩法和其中的数学问题比《麻烦》更复杂一些。儿童通过抽纸牌来移动，而不是使用骰子。最大的一张纸牌是12，并且7可以被分给两个棋子。这样儿童就可以在思考策略的时候，用各种方式练习7的分解。此外，棋盘的各种功能，如滑区和安全区域，有助于鼓励儿童思考策略和如何最明智地使用纸牌。

各种各样的游戏可以为儿童发展早期数字技能提供支持。评价商业游戏时要考虑儿童花在理解和协商游戏规则上的时间，以及儿童花在数学上的时间。此外，重要的是要考虑游戏所涉及的数学问题是否适合班级儿童的发展水平。这对小学低年级的班级来说是最困难的，因为儿童已经掌握了数字识别和有意义的计数。寻找那些能让儿童比较数字、做加减法、数到100、数5或10的倍数的商业游戏是很有挑战性的，因此利用儿童早期数学课程开发的游戏可能会有所帮助。

益智游戏

许多幼儿课程都包含专门用来教授数学的游戏。这些游戏的一大好处是，其强调的数学问题可能适合相应年级的儿童，尽管有时这些游戏本身可能不太吸引儿童，要么是因为材料的设计，要么是因为游戏的结构。让材料对儿童更有吸引力的一种方法是请儿童装饰或设计材料，比如画游戏棋盘，装饰游戏纸牌的背面，或者用黏土或其他材料制作棋子。根据儿童的发展水平提供各种适宜的数学挑战对保持儿童玩游戏的兴趣很重要。数学课程中建议的许多游戏有的是纸牌游戏，有的是棋盘游戏。教师也可以设计自己的游戏（或在网上找到例子）。在决定引入哪种游戏时，考虑游戏强调的数学知识类型和特定儿童的需求是很重要的。下面描述的是一些可以通过各种棋盘游戏和纸牌游戏突出数学概念的游戏。

纸牌游戏。改变数学纸牌游戏难度的一种方法是有意识地设计所使用的纸牌。游戏可能是用带有数字、数字词语、圆点图案、图片或这些元素的组合的纸牌。有不同需求的儿童可以用不同的纸、圆点图案、图片或这些元素组合而成的纸牌，也可以用不同的纸牌玩同样的游戏。这样，需要帮助识别数字的儿童就可以玩一副牌，而需要帮助练习一一对应关系的儿童可以玩另一副牌。尽管不同课程的游戏细节有所不同，但大多数游戏都是以下面这些关键的游戏玩法为基础的。

1. **配对游戏。**儿童将纸牌组合在一起，可以尝试记住纸牌在桌子布局中的位置，也可以尝试创造类似于游戏"钓鱼"的纸牌配对。这些游戏对正在学习匹配数量、数字和数字词汇的儿童很有用。或者，将数字加起来等于目标数字（如10）的两张纸牌匹配在一起，以支持儿童学习数的组合和分解。

2. **设定游戏。**类似于拉米纸牌游戏（Rummy），儿童通常一开始手里有 5～7 张纸牌，然后在符合设定要求的时候放下这组纸牌。游戏目标是用掉所有的纸牌。根据所确定的数学技能，一组纸牌内的数字可以有所不同。例如，儿童可以放下相加后等于 5、10 或 20 的任意一组纸牌。

3. **比较游戏**。两名儿童将一副纸牌分成两份，正面朝下放在自己面前。就像在经典游戏"对抗"（War）中那样，儿童在同一时间翻开纸牌，纸牌上数字更大的人获胜。可以改编游戏，比如纸牌上的数字必须恰好比对手纸牌上的数字大 1 或 2 才能获胜。此外，可以通过使用数字为 10、20 或 100 的纸牌来控制游戏的难度。

棋类游戏。如前所述，许多商业游戏使用棋盘上的路径来设置玩法。由课程或教师设计的游戏的优势在于，棋盘的设计可以突出数学思维。研究（Siegler & Ramani, 2008, 2009；Siegler, 2009）已经证明，玩线性棋盘游戏——即使是 4 次 15 分钟的短暂游戏——也能显著提高儿童以线性方式估计大小的能力。换句话说，线性棋盘游戏帮助儿童认识到"5 到 3 的距离"和"7 到 5 的距离"是一样的。拉曼尼和西格勒通过研究发现，模仿数轴的游戏棋盘对幼儿特别有帮助。也就是说，使用大小相等、编号相同的方格板，并沿直线延伸，而不是圆形或曲线模式，是最有帮助的。此外，他们还证明，儿童在学习计数、比较和运算时，通过玩巧妙设计的游戏，比唱数或数物体等标准的早期数字活动更有效率（Siegler & Ramani, 2009）。对年龄小的儿童来说，在编号 1 到 10 或编号 1 到 20 的棋盘上移动的游戏可能最有帮助。因为即使是相对较短的玩法也会产生影响，所以游戏可以非常简单但要具有足够的吸引力。其中，使用两个骰子和一个编号到 100 的棋盘的游戏，适用于大一点的儿童。此外，使用编号到 20 的数字骰子的游戏会鼓励儿童在心里进行加法运算，而不是在掷到很大数字的时候一个个数数。儿童需要反复地玩游戏，才能确信自己和同伴的运算策略，从而计算出空格数。这个验证过程将是一个宝贵的学习机会。

基于游戏的课程

虽然教师可以支持儿童在选择时间独立选择游戏，但独立游戏要通过成人对规则和游戏的介绍来支持数学学习。如果儿童同意游戏的程序，他们就更有可能成功地协商游戏；如果成人帮助他们养成游戏习惯，他们就更有可能以强调数学的方式进行游戏。以小组形式向儿童介绍游戏程序的效果极佳。在大组中引入游戏会让所有儿童很难看到材料，有些儿童会放弃尝试，变得心不在焉。但在小组中，所有儿童都能很快地得到材料。此外，以小组形式介绍的游戏可以根据儿童的数学学习情况进行选择或调整。那些还在学习 20 以内计数和基数的儿童可以从游戏《数小鸡》或《摘樱桃》中获益。然而，掌握了这些技能的儿童可能会在要求数到更大的数字或比较数字的游戏中面临更大的挑战。例如，在某些情况下，教师可能想让全班儿童玩同样的游戏，比如一个二年级的班级正在学习比较数字，但在大多数情况下，游戏是进行差异教学的简单方法。即使在相同的游戏中，教师也可以通过改变儿童的骰子、转盘或纸牌上的数字来调整游戏。

在设计以游戏为基础的小组课程时，教师既要思考自己想要强调的数学知识，又要思考儿童在玩游戏时可能遇到的社交问题，帮助儿童制定应对这些挑战的策略。在确定儿童适应游戏后，教师可以向儿童展示游戏的存放位置，鼓励儿童在自由选择时间玩游戏。游戏要经常轮换，不仅要跟上儿童的数学学习，还要鼓励儿童的兴趣。

最后，在思考以游戏为基础的课程时，教师可能想在游戏结束后请儿童在小组或整个班级中进行汇报。即使只是部分儿童玩游戏，但在整个班级中进行汇报会让班上其他儿童对这个游戏或示范的特别有用的策略产生兴趣。例如，在游戏之后，教师可能会让一个玩《数小鸡》游戏的儿童示范他在数小鸡之前是如何将小鸡排成一排进行数数的，以此强调排列顺序是一种计数策略。同样，教师可以展示几组"对抗"游戏中成对的数字纸牌，并让儿童讨论怎样决定哪个数字更大，这类对话可以帮助儿童将游戏过程中接触到的数学和他们在正式课程中学习的数学建立联系。

第 6 章

测量标准：哪个更长，什么更多

当小学低年级教师介绍测量工具和概念时，他们往往会预料到一系列问题：儿童不知道如何正确地对齐尺子，混淆测量单位，无法适当估计容器的体积。与此同时，许多教师对于快速引入正式的测量工具、限制探索体积等概念的时间和制止产生的混乱感到有压力。例如，我曾在许多低年级教室的容积课上看到只有教师拿着展示水的容器，而儿童被期望通过被动观看来学习。通过在游戏中关注测量概念，并设计可能引发相关思考的空间，幼儿园教师可以在为儿童提供他们需要的基础经验方面发挥重要作用，以便儿童以后有效地学习更正式的测量概念。

测量学习的核心经验

学习识别和谈论可测量的属性，或可测量物体的质量，是儿童在测量中面临的第一个大挑战。虽然这对成人来说似乎是显而易见的，但儿童必须知道，在考虑测量一个物体时，人们可以问它的长度、重量或容积等属性。换句话说，儿童必须逐渐认识到，像长度这样的属性可以应用于世界上几乎无限多的物体：人、房间、玩具、门、宠物，等等。此外，当试图计算长度时，他们还必须认识到任何给定物体的哪些属性是重要的。例如，儿童必须明白，想知道两本书中哪一本更重，他就不能对长度进行判断。这种区别对儿童来说可能比较难以应对，因为他们倾向于用更笼统的说法来比较，比如确定哪本书"更大"。要明白给定物体的某个属性可以更大，但其另一个属性可以比与它所对比的物体更小，这是一项重要的智力工作，但往往很少有人帮助儿童发展这些思维方式。事实上，对美国儿童来说，测量是一个非常有难度的数学领域，儿童在这一领域的成绩历来不如在数字或几何领域的成绩（Clements，2003；Stephan & Clements，2003；Thompson & Preston，2004）。

为了让儿童接受更复杂的测量，进行三种活动很重要：比较、仿用测量单位（用单位表示被测量的距离）和使用测量工具（Van de Walle, Karp, Bay-Williams, & Wray, 2007）。比较活动的目的是帮助儿童学习识别和命名可测量的属性，而涉及测量单位的活动旨在帮助儿童看到任何相同大小的单位都可以用来测量属性，这两种活动对帮助儿童理解如何正确使用正式的测量工具十分重要。例如，如果儿童有过很多用链环、泰迪熊或其他小物体测量长度的经验，他们就更有可能认识到需要计数的是尺子上刻度线间的距离，而不是刻度线或数字本身。忽略尺子开头的空白处，或者数刻度线而不是空格来获得答案，就会减少儿童误读长度的可能性。表6.1展示了如何在这三种活动中思考针对幼儿园大班到小学二年级儿童的州共同核心测量标准。

表 6.1 针对幼儿园大班到小学二年级儿童的州共同核心测量标准

	比较	仿用测量单位	使用测量工具
幼儿园大班	• 描述物体的可测量属性，如长度或重量。 • 描述单个物体的几个可测量属性。 • 直接比较两个具有共同可测量属性的物体，并描述差异。		
小学一年级		• 使用第三个物体间接比较两个物体的长度。 • 通过首尾相连地铺设较短物体的多个复制品，将一个物体的长度表述为长度单位的整数数量。要理解，物体的长度是在没有间隙或重叠的情况下，由相同大小的长度单位构成的。	

续表

	比较	仿用测量单位	使用测量工具
小学二年级			• 选择和使用尺子、码尺、米尺、卷尺等适当的工具测量物体的长度。 • 使用不同长度的长度单位测量同一个物体的长度两次；描述两个测量值与所选择单位有怎样的关系。 • 通过测量确定一个物体比另一个物体长多少，用标准长度单位表示长度差。

如表 6.1 所示，幼儿园活动的重点应该是比较属性，以及学习相关词汇（即更长或更重，而不是更大）。小学一年级的重点是使用非标准测量工具，如回形针，并将物体与焦点物体进行比较。例如，给儿童一根绳子，让他们在教室里找到比它更长、更短或相同长度的材料。活动中，不断地指导儿童关注他们正在使用的单位和他们使用单位的方式是很重要的（Stephan & Clements，2003）。需要帮助儿童认识到，测量时，他们是在计算空间单位（被他们用作单位的物体来标记），且必须使用大小相等的单位。如果想要测量准确，测量中就不能有空隙或重叠的地方。

州共同核心标准在小学二年级部分提及正式的测量工具。尽管向幼儿园儿童介绍正式的测量工具可能收效不大，但除了允许他们思考哪些属性最适合测量之外，幼儿可能已经准备好在非正式的情境下使用单位，从而为以后正式的测量学习做好准备。此外，虽然小学一、二年级的测量标准主要聚焦于长度，但调查容积和重量对儿童也是有用的，这会帮助他们认识到测量可用于各种属性，并获得有助于之后年级学习的具体经验，那时学习重量和容积将是课程中更重要的部分。

可用于比较的玩具

具有固定游戏时间的幼儿园班级可以为儿童提供重要的场所来建构关键的测量概念。这一点特别重要，因为高年级课程通常聚焦于使用测量工具的正确步骤上。有许多常见的玩具和游戏情境能够激励儿童进行比较。然而，教师可以有意识地强调特定的玩具，在不同的游戏情境中联系测量概念，并在游戏过程中与儿童互动，将他们的注意力引导到特定属性上，同时帮助他们使用适当的词汇。

连接玩具

可以连接在一起形成长链或塔的玩具能够自然地鼓励儿童尝试制作长长的结构，并与其他儿童做的结构进行比较。可用于这类游戏的玩具包括链环、魔法方块积木和乐高积木。

教师既要给儿童提供玩具，又要鼓励儿童通过比较来思考测量问题。除了看谁的塔最高或链条最长之外，儿童还可以用他们的塔来测量教室里的其他物体。像"你的链条比桌子长吗？"这样的问题可以鼓励儿童开始探索，并将其作为游戏的一部分。

提供一个保存纪录的地点是另一种激发儿童测量兴趣，进行复杂思考的方法。儿童可以把塔的高度或链条的长度在厚纸上做出标记作为纪录。如果把纪录贴在教室的墙上，其他的儿童就可以创造更长的链条或更高的塔来打破纪录。这种实验不仅帮助儿童学习观察、测量和谈论长度的属性，而且让他们有机会思考一个塔比另一个塔高多少。当儿童准备好了，他们就可以在成人的帮助下在教室里探究这些问题。

感官桌

在许多托儿所和幼儿园教室中常见的感官桌为儿童探究容积提供了理想的观察对象。在桌子上摆满意大利面、米饭、水、花生或任何其他可倾倒的物体，可以让儿童填满或清空容器。只要有填充和清空不同大小容器的经历，儿童就会具备一些理解容积这一属性的背景经验。尤其是当谈到容器时，成人会认真地和儿童谈论哪些容器"装得更多"，而不是哪个"更大"，从而帮助儿童区分容积和长度。此外，可以在几个星期内选择容器并提出一个问题，即是否更长的容器总是容纳更多。对小学高年级的儿童来说，这种估计通常是困难的，但在幼儿时期就进行这类调查可以促进儿童对容积的思考。

橡皮泥

橡皮泥提供了另一种情境。当儿童把橡皮泥卷成长蛇时，他们通常会很自然地比较长度。这种材料除了鼓励儿童进行相关的对话，还可以支持儿童的思维。例如，儿童可以拿不同长度的棍子与他们的"蛇"进行比较，也可以用这些棍子作为对照物试着做出比棍子更长的蛇。剪刀或塑料刀可以用来切割橡皮泥蛇，让它和指定的棍子一样长。

假装游戏

在许多幼儿园教室里，教师会例行变换假装游戏区，以促进不同类型的游戏（并吸引教室里不同的儿童）。某些情境比其他情境更可能促进测量游戏，而且并不总是以预期的方式。例如，在最初的考虑中，厨房似乎可能会促进测量，因为成人做饭时经常测量，但木质和塑料仿制的食品并不适合像真正的食物那样被测量。然而，当活动区被创设成医生办公室时，许多测量的机会自然地出现了。一杆秤，甚至一个大天平，就可以用来称玩具，让儿童开始思考重量这一属性。在幼儿园，儿童是否能正确阅读刻度不是特别重要，但是讨论哪个娃娃更重并且能够把重量与高度分开来考虑对他们来说是有益的。

儿童可能也喜欢用卷尺测量娃娃的高度或头部的周长，因为他们有这方面的经验，医生曾用这些方法测量他们。然而，在这个阶段，他们不太可能解释这些测量工具。在一些支持下，儿童可能会有兴趣用可拼插的方块积木或魔法方块积木做一座塔来测量娃娃的高度。即使他们不计算方块积木的数量，搭建不同高度的塔来表示不同娃娃的高度也是探索长度的有效方法。教师可以通过提供不同重量和身高的娃娃来支持这些调查研究。

所有这些比较活动的目的是帮助儿童认识和命名长度、重量和容积，并理解许多物体至少可以用一个属性来测量。当儿童充分理解这些属性时，比较活动就不那么有价值了（Van de Walle，Karp，Bay-Williams，& Wray，2007），而帮助儿童开始思考单位在测量中的作用就变得更加重要。

通过游戏理解单位

要测量物体的长度，就必须选择一个测量单位，然后沿着物体的边将单位头尾相连地放置，这被称为"迭代"（Stephan & Clements，2003）。单位可以是任何物品，只要它们是大小相同且易于被儿童操控即可。例如，塑料泰迪熊、可拼插的方块积木、剪出的脚印和木质积木都可以用作测量单位。范德瓦尔、卡普、贝-威廉斯和雷（Van de Walle，Karp，Bay-Williams，& Wray，2007）认为，像吸管或牙签这样又长又细的物体可能对儿童最初测量长度特别有帮助，因为它们的形状突出了长度这一属性。

许多同样的游戏环境可以为幼儿园儿童提供机会来比较物体的长度，形成对单位的理解。在设计、支持和汇报游戏经验时，我们的目标是让儿童注意到可以用不同的物体测量和代表长度，从而明确单位的概念。因此，可以鼓励儿童使用吸管或牙签来测量橡皮泥蛇的长度，而不是只使用棍子；用方块建构的塔来测量教室的长度；教儿童如何用多米诺骨牌或其他物体测量娃娃的长度。在幼儿园，让儿童拥有测量的能力是不必要的，但教师可以吸引儿童注意单位之间的差距，并讨论这对测量来说意味着什么。此外，在这些活动中小心使用语言可以帮助儿童认识到，测量时重要的是度量单位所占的空间，而不是单位的数量。换句话说，当儿童开始使用尺子时，重要的是让他们意识到他们不是在数数字，而是在计算测量一个物体长度所需要的单位长度的数量。通过告诉儿童他们的"蛇"有"三根吸管长"，而不是"三根吸管，1、2、3"，教师可以强化这一概念。

有趣的测量课程，支持标准工具的使用

在小学一、二年级，儿童很可能准备好使用非标准或标准的测量工具进行正式测量。与此同时，日常游戏中可能有较少的机会让儿童在感官桌上、玩橡皮泥时或在假装游戏区进行测量。满足儿童游戏需求以及让他们参与更复杂的测量工作的一种方法是设计具有游戏精神的课程，包括有趣的材料和实验机会。

为了学习测量单位，儿童需要有许多将单位首尾相连来测量一段距离的经验。这种探索经验可以用非正式的测量单位来完成。例如，提供装满各种塑封脚印片的篮子，这样儿童就可以使用小朋友、狗、北极熊、狮子或大象的脚印来测量房间、桌子或门的长度和宽度；也可以提供一张大图纸，让儿童记录用不同脚印进行的测量。儿童用很多不同尺

寸的印刷品测量后，教师可以让他们交流，讨论要进行正确测量就必须想到什么（在一条直线上、不留空白、不重叠）以及讨论为什么用不同的脚印会测量出不同的数据。

教师还可以设计课程，让儿童回到他们前几年的游戏情境中，使用标准或非标准的单位对娃娃、橡皮泥或积木塔进行测量。通过将测量课程设置在儿童已经熟悉并且探索了一些测量概念的情境中，教师使儿童更容易利用以前的知识来形成新的理解。当引入正式的测量工具时，这个过程可以重复，但要让儿童用尺子而不是脚印、可拼插的方块积木来测量房间、橡皮泥蛇。回到游戏情境，可以帮助儿童将正式的数学与非正式的经验联系起来。

帮助儿童在课程中测量，要求教师发现可用的机会来指导儿童以这些方式思考，而不是只关注计数和识别形状，这往往是儿童早期教育所重视的问题。例如，我观察到幼儿园儿童玩链条或连接积木时，教师经常鼓励他们数一下链条或塔上有多少链环或积木，但很少让他们比较多个塔的长度，或者用塔或链条测量教室里其他物品的长度。然而，通过使用这些相对简单的提示，教师可以为儿童提供更多的机会探索更多的数学知识。

第 7 章

数学实践

　　数学实践与内容标准一起被包括在州共同核心标准中，以引导教育工作者将对数学思维方式的关注扩展到不同年级。这些思维练习对于儿童熟练掌握数学很重要，并突出了解决重大数学问题所需的重要技能。当思考州共同核心标准中描述数学实践的正式用语时，人们很容易认为这些特定的标准一定是针对大一点的儿童。很难想象，幼儿园儿童能够做到精确，小学二年级的儿童能够形成可行的论点并评论他人的推理。实际上，数学游戏充满让儿童从事数学实践的机会，因为儿童在游戏中所遇到的问题没有被明确定义，也没有被成人精心组织或简化为他们的年级水平。当儿童决定用积木构建对称图形，用天平称桶里的玩具重量，或者拼拼图时，他们为自己设置问题，致力于精确、抽象推理，并坚持解决问题。

　　通常，这些游戏情境是儿童在学校里试图解决未明确定义的问题的少数机会之一。教师可以创造环境，鼓励儿童形成和解决自己的问题，有意地将数学实践语言与儿童在游戏中解决问题的行为联系起来。与儿童一起使用数学实践语言很重要，不仅因为它可以帮助儿童发展数学词汇，还可以帮助儿童把自己当成"数学人"。换句话说，当儿童认为他们的游戏被贴上了数学的标签时，他们就会认为自己是那种喜欢数学并在数学方面取得成功的人（Esmonde，2009）。科学研究人员发现，参与非正式的重要活动对来自低收入或少数族裔家庭的儿童特别重要，因为非正式互动中的互动和讲话练习更可能与他们在家里说话和游戏的方式相似（Enyedy & Mukhopadhyay，2007）。因此，学校教授的科学和数学与他们更广泛的自我意识之间不太可能产生冲突。

此外，实证研究表明，儿童在游戏中遇到的数学问题越开放，对其未来数学成绩的贡献越大。例如，佩普勒和罗斯（Pepler & Ross，1981）发现，玩开放式玩具（如积木）的儿童在解决问题能力的评价中比玩封闭式材料（如拼图）的儿童表现得更好，在其他评价中比玩封闭式材料的儿童表现出更多的创造力。我们知道，儿童在日常游戏中参与各种数学活动（Ginsburg，2006），但在考虑促进数学实践时，我们需要聚焦于如何创造尽可能开放和复杂的游戏机会。

数学实践是怎样的

在考虑如何在游戏中促进数学实践之前，我们需要了解幼儿园和小学低年级的数学实践是什么样的。虽然所有的实践都可以在任何年级水平中实施，但有时与儿童的游戏更相关。下文使用州共同核心数学标准（National Governors Association Center for Best Practices，2010，pp. 6–8）中的语言描述八种数学实践，并给出在幼儿园和小学低年级实施每一种实践的一些案例。

理解问题并坚持解决问题

达到这一标准要求儿童找到解决数学问题的方法。可以鼓励儿童"规划解决方案的途径，而非仅尝试解决问题"。此外，在解决问题的过程中，儿童有机会"监测和评价他们的进步，并且必要时改变方式"。游戏提供了许多坚持解决问题的机会，也提供了重新考虑所选择的路径的机会。例如，决定为玩具动物建造围栏的儿童可能会发现，他们没有足够的积木来搭建所有围栏。与其放弃项目或接受开放空间，不如鼓励儿童使用不同的策略为搭建围栏制订一个新的计划。他们可能会创建一个较小的围栏，计算所需的积木，然后统计所有可用的积木，看看是否有足够的积木来创建围栏，或者考虑使用不同形状的积木，看看它们是否可以组成相同的单位来创建更多的围栏。通过关注和低调的干预，成人可以鼓励儿童找到解决问题的方法，而不是放弃，并且当儿童决定坚持下去时可以强调这样做的结果。

抽象推理和数量推理

这种实践强调以书面形式记录数量信息，这是儿童在游戏时不太可能做到的，即使他们能够在其他情况下记录信息。然而，这种实践还包括"清晰地呈现手头的问题"，并在抽象和具体情境之间转换。在教室里，儿童被鼓励对游戏进行反思和报告，如果让儿童画出在游戏中遇到的问题，就可以创造推理和呈现的机会。这甚至可以作为一种向儿童征求如何处理特定问题的方式。此外，这种实践要求"考虑所涉及的单位"和"注意数量的含义"。使用天平为成人提供了让儿童进行数量推理的机会。可以鼓励儿童思考，为什么这么多棉球会与一个小塑料积木相平衡。理解这种等量关系——在数量上存在差异——对儿童来说是一种重要的推理行为。

形成可行的论点，并评论他人的推理

这种实践，表明儿童"会猜想，并建立一个合乎逻辑的陈述顺序，以探索真相"，并要求他们与他人互动。虽然这可能发生在全班和小组对话中，但自由自在的游戏环境为儿童创造了许多机会来提出猜想，并

让他们的猜想被其他人评论。其中的许多猜想都不是数学方面的——"一只鳄鱼可以吃掉你的狗!"但即便如此,说出想法,倾听同伴的推理,也能给儿童提供提出和评论证据与论点的练习。教师可以通过鼓励儿童在陈述时诉诸证据来支持这一点,而非只是敦促儿童不要争辩。此外,游戏可以支持特定的数学猜想,比如两个儿童一起拼拼图时必须协商出最有效的策略(例如按颜色或形状分类、先拼边缘或找出可识别的图形)。

运用数学建构模型

这种实践包括在正式数学知识体系(数字、图表、等式)和现实世界的情况之间建立联系,它不太可能在游戏情境中自然出现。然而,教师可以帮助儿童在汇报过程中进行练习。例如,班级可以通过创建图表或等式记录每天有多少儿童选择每个活动区。这些信息可以用来决定哪些活动区是受欢迎的,哪些活动区可能需要重新设计以使它们更有吸引力。

有策略地使用适当的工具

要想在数学上取得成功,儿童必须知道当自己需要数学工具时,哪种工具可能最有用,以及如何使用所选的工具。游戏情境是儿童练习这些技能的重要环境,因为与许多学校的数学课不同,工具没有被教师提前选择和示范。在游戏过程中,确保儿童能够使用尺子、卷尺、计算器、数量表、天平、秤和各种图表,就会为儿童创造参与这种实践的机会。教师可以寻找机会让儿童在游戏中有效地使用工具,并在适当的时候提出使用建议;也可以强调儿童何时恰当地使用工具,以鼓励他人参与实践。此外,关于为什么选择不同类型的测量工具的对话可以在游戏汇报中进行,从而促进有趣的数学探索。

注重精确

这种实践强调使用正确、恰当的数学语言，以及在解决数学问题时注意细节，如选择适当的测量单位或明确书面问题中的数字来自哪里及它们代表什么。许多儿童天生注重精确。举例来说，他们书写和重写自己的名字，直到它看起来是他们想要的样子；精心地捏橡皮泥，让它和橡皮泥容器封面上的范例大小一样；折叠再折叠娃娃的衣服来让对称线尽可能精确。在大多数情况下，教师不需要非常努力地为儿童在游戏中创造这些机会，但要认识到这些活动的价值，并把儿童想要精确的愿望当作"重要的数学"，这既可以在当下完成，也可以在活动后的汇报中完成。此外，教师可以在正式的数学课上建立联系。在这些课上，精确性对他们观察到的儿童在游戏中的精确行为很重要。通过这种方式，更多的儿童将开始认为自己与数学相关。

寻找并利用结构

这种实践包括识别和使用模式以及其他数学结构（例如，发现将三块积木加到七块积木上产生的结果与将七块积木加到三块积木上产生的结果相同，并且这也适用于其他数组）。积木为儿童提供了很多机会去研究和利用几何结构。例如，在一组木质积木中，儿童可能会意识到一块特定的蓝色长方形积木可以由两块绿色正方形积木、四块橙色长方形积木或两块黄色三角形积木组成。此外，吸引儿童寻找和创造模式的游戏可以促进这一实践。同样，当儿童努力实践时，教师既可以认可它们，也可以通过提供挑战来鼓励儿童探究，如"你认为，我们可以用多少种不同的方式来修建一条这么长的路？"。

在重复的推理中寻找并表达规律

这种实践强调识别计算中的规律，以及识别等式和图形之间的关系。儿童认识到或创作规律时，就有可能开始发展这种实践，且随着儿童数学学习能力的提高，这种实践对儿童的意义将越来越大。

虽然小学低年级的儿童在某种程度上可以参与州共同核心数学标准所描述的所有数学实践，但有些实践对幼儿来说更有意义，特别是在游戏情境中。下一节将描述游戏过程中出现的两个最相关的数学实践。

重点实践1：理解问题并坚持解决问题

定期玩游戏的好处之一是儿童有机会在问题上徘徊，日复一日地回想问题。教师可以利用这个机会，认识到在课程中的哪些部分可能出现丰富的数学问题，并设置有助于儿童坚持下去的日程安排。在思考如何支持儿童解决问题时，教师可以考虑：问题中所涉及的潜在数学知识、对特定儿童的困难水平、可能使问题变得更难或可能鼓励儿童未来重新思考这个问题的互动、为帮助儿童记录工作以留存之前的思考而提供的支持。这里有几个特别的例子，当你阅读它们时，想想作为教师，你可以做些什么来支持儿童坚持应对这些既是数学问题也是游戏的活动。

案 例 1

在课间休息时，小学一年级的唐迪莉娅和杰茜卡一起用乐高积木搭建一座房子，她们使用建筑图片作为示例。两个孩子正在努力让屋顶像图片中那样位于中心，因为当杰茜卡把一侧竖直地搭起来时，唐迪莉娅却找不到与图片相匹配的积木。两个女孩都开始感到受挫，并为谁拿着这张照片和拿多久而争吵。课间休息不到5分钟就要结束了。在这个问题中，女孩们遇到了什么数学问题？作为教师，你会做些什么来鼓励女孩们第二天继续解决问题？

案 例 2

作为一种测量单位，小学二年级儿童正在使用尺子测量课桌周围的物体。当儿童快要结束时，教师说他们可以用10分钟测量教室里的任何东西。贾里德决定测量教室有多宽；然而，每次拿起尺子，他就忘了自己上一次量到哪里，于是他决定用脚步估计一下教室的长度。你会给贾里德什么建议，以鼓励他继续解决自己设置的问题，而不是替他思考？当他解决这个问题时，你希望他思考哪方面的数学知识？

案 例 3

在区域活动时间，鲁比正在拼一个有许多碎片的拼图。她不知道如何把碎片放进去，于是随机尝试每个碎片。过了一会儿，她把拼图推到一边，拿出一个她之前成功完成过多次且里面的碎片更少的拼图。她很快地把碎片拿出来再拼回去，然后重复地拼。作为教师，你会做些什么来鼓励鲁比坚持完成更有挑战性的拼图呢？从数学的角度看，为什么培养儿童拼完难度更大的拼图的能力很重要？

这三个案例中的教师都为儿童提供了机会来解决重要的数学问题。有了积木，女孩有机会达到一年级的几何标准，该标准要求儿童组合三维图形，以创建一个复合图形。在二维和三维表征形式之间转换，使她们有机会加强对不同形状的理解。在第二个例子中，贾里德有机会使用多种测量标准：选择合适的工具测量长度，使用两个不同的单位测量两次并估算长度。最后，在拼拼图的过程中，鲁比可以发展针对幼儿园大班的几何标准所要求的技能，即分析和比较二维图形，并将简单的图形组合成更大的图形。显然，这些活动不仅是游戏，而且很有数学学习价值。

为了强调坚持不懈，教师需要找到方法鼓励儿童继续解决自己选择的问题，即使他们没有立即发现解决策略。对唐迪莉娅和杰茜卡来说，这可能意味着帮忙制定策略，让她们能够在第二天回到工作中。首先，用一个箱子或者架子存储"正在进行"的积木作品是有益的，这会让儿童觉得他们不需要重做以前的工作，也能让他们逐渐知道：一些项目或问题很难一次性完成，但过段时间仍然是可以解决的。其次，教师要认可女孩们所选择任务的价值，以便让她们觉得应该坚持，并通过指出她们已经完成的工作来阐明她们付出的艰苦努力。告诉女孩们，她们可以"随心所欲"地建造房子，这可能很诱人，但这将显著降低任务的数学复杂性。因为她们将不再需要从一个二维模型入手或试图构建一个特定的图形。让女孩们相信，她们的任务是有挑战性的、有价值的、可以解决的，这可能会激励她们坚持下去。再次，教师需要考虑是否需要增加任务材料。例如，在这种情况下，提供另一幅带有房子的照片对女孩们可能很有帮助。最后，提供一项常规活动，让儿童定期分享自己完成的作品，也许会激励女孩们坚持下去，因为她们知道自己将有机会展示自己的作品。

为了支持贾里德，教师可能会赞扬他的估算方法，也会鼓励他思考精确测量的方法（注重精确）。教师可能会鼓励他环顾教室，看看能找到什么，从而测量更容易的物品，而不是立即建议码尺、卷尺等工具来替他解决数学问题。他也可以测量地板上的瓷砖，然后用它们来计数。我们的目标不仅是让贾里德测量，还要让他思考测量长度时遇到的困难，并找到可能的解决方法。把数学工具呈现在教室里，让儿童自由接触，将促进这种灵活思维的发展。

鲁比拼拼图的样子是许多儿童的典型表现。因为他们只在游戏时拼拼图，从来没有正式学习拼更有挑战性的拼图的策略，因此没有发展空间能力来应对更复杂的拼图。然而，当不能拼出一个拼图时，经历挫折对儿童是有价值的，可以让他们学习如何在解决困难问题时管理情绪。鲁比可以从一些拼拼图策略的直接教学中受益（见第4章），比如寻找图片的某个部分。此外,她可能需要成人帮忙选择合适的拼图,因为她自己也许会选一个太容易或者太有挑战性的拼图。虽然我们想让儿童在游戏时做出选择,但作为教师,我们更想支持儿童的选择,这样他们就会遇到更丰富的数学知识,也会更加愉悦。儿童喜欢"恰到好处"的挑战。

重点实践2:注重精确

注重精确的实践是为了让儿童学习精确地解决数学问题,以及学习准确地(和精确地)描述数学概念的词汇。在游戏和非正式的数学活动中,儿童通常自发地希望在与世界互动的方式上做到精确。例如,在整理过程中,卡特开始制作恰好由8个立方体组成的棍子,因为这是教师分发给全班使用立方体玩《宾果游戏》(Bingo)时的立方体数量。没有教师教过他把所有的棍子都做成一模一样,并且如果不做棍子,把立方体舀进桶里会更快,但卡特试图在这堆积木的混乱中创造出秩序。他非常投入,当其他儿童帮他一起整理时,他指导他们做长度为8个立方体的棍子,并把他做的棍子分给他们一些,以便他们能通过对照来检查自己的工作。

同样,当许多儿童在娃娃家折叠毯子时,他们会努力确保毯子的边缘在下一次折叠之前完全对齐。此外,许多玩图案积木拼图的儿童会仔细地排列拼图,使它们的边界完全匹配,他们如果不能自己做到这一点,就会寻求成人的帮助。也就是说,有些儿童可能有一种"足够严密就是足够好"的态度。对于这些儿童,教师甚至可以在游戏期间鼓励他们,从而培养儿童识别和重视精准的能力。例如,在接下来的互动中,教师既为儿童设置了一个数学学习情境,又鼓励他们找到问题的确切答案。

幼儿园儿童本和杰里米在感官桌旁玩耍,他们把青豆舀起来倒进桶里。之后，本停了下来，举起桶说："我的比你的多。"杰里米看了看本的桶，然后举起自己的桶说："不，我的比你的多。"为了支持自己的观点，杰里米在戴利亚经过时抓住她的胳膊，说："难道我的豆子不是比本的多吗？"戴利亚停了下来，有点感兴趣，看了看那两个桶，耸了耸肩。这时，墨菲老师问道："你们怎么知道你们中谁真的更多？"戴利亚回答说："你得数一数。"就在这时，杰里米偷偷地把手伸回桌子去抓更多的豆子。墨菲老师建议两名儿童都把桶放到桌子上数，这样就可以避免他们再加豆子。此外，她还留下一些空白的"百数表"，向儿童展示如何在每个方格里放一颗豆子进行计数。这个图帮他们创建了10排空行，并记录他们所统计的豆子数量。在这次互动中，墨菲老师不仅传达了精确很重要的理念，还通过推动男孩们为探明"谁的豆子多"这一问题寻找精确答案而提出了一项数学任务（数一个很大的数字）。

除了仔细地计算和测量，注重精确还意味着帮助儿童学习使用适当的数学词汇。与许多儿童在没有成人干预的情况下倾向于实现精确不同，词汇的精确也需要教师的干预，因为即使是成人在很多时候也会使用不精确的数学词汇。特别是使用恰当的语言描述形状、大量的测量和大数字，可以帮助儿童轻松自然地使用这些词汇。例如，当使用积木时，应该说六边形积木和梯形积木，而不是"黄色的"和"红色的"积木，这可以帮助儿童在使用数学语言时更加精确。同样，学习说"菱形"并不比"钻石形"更难，但是如果儿童想要使用这种语言，他们就需要成人的示范。

其他实践

意识到其他实践，意味着当它们出现时，小学低年级教师可以寻找机会对此进行强调。例如，确保多种数学工具是容易获得的，将鼓励儿童寻找和恰当地使用工具，尽管教师可能需要提醒儿童这些工具可以做什么并做出示范。同样，当儿童就数学问题进行争论时，教师可以留意，例如，什么更多、哪个更大、什么形状的数量是"相同的"，并支持儿童提出自己的观点，倾听和回应他人的观点。广义上说，数学实践的目标是帮助儿童不仅了解数学，而且用数学的方式思考和行动。数学实践是开放的，充满了对儿童来说很重要的问题，而游戏情境为儿童提供了进行这类探究的理想环境。

第三部分

使正式课程变得有趣

第 8 章

设计基于游戏的正式课程

虽然很多数学学习发生在儿童的自由游戏中,特别是受到教师用心干预的游戏,但是正式的课程为教师提供了利用儿童在游戏中的经验来实现特定的数学目标的机会(NAEYC & NCTM,2002)。在学校中,固定的游戏时间有助于教师密切地观察游戏,发现可以将儿童的哪些经验用于非正式的课程。而且,教师可以创设游戏环境,努力促进多种游戏发生,为未来的学习经验提供重要的基础。在正式的课程中,教师可以通过各种策略将课程与游戏联系起来,安排基于儿童游戏经验的任务,设计包含一些游戏特点的正式课程。

游戏语言的数学化

数学符号和数学语言可以在抽象概念(如数字 2)和现实经验(如拿着两块饼干比拿着一块饼干更好)之间建立联系。随着儿童建立越来越多的联系,他们对每个抽象数学概念的理解会更加丰富(例如,数字 2 可以用来指饼干、人、年龄、秩序等)。数学要求儿童"从周围世界中获取情境和问题，并用数学术语表达它们"（NRC，2009，p. 44）。在正式的课程中，教师可以帮助儿童将数学语言、符号和工具与他们的游戏经验联系起来，从而让儿童对数学目标有更多的理解。

为了说明经验和数学概念之间的丰富联系可以加深儿童的理解，我在介绍线性测量单位的过程中描述了两个二年级班级的案例。在这两种情况下，教师们都试图将现实经验与所讨论的数学知识联系起来。然而，在第一种情况下，儿童没有机会在教室里自由游戏，所以教师不得不将自己的经验引入现实情境来构建讨论框架。在第二种情况下，教师将区域活动时间安排在每周五下午，并根据她在这45分钟内对儿童的观察进行评论。

案 例 1

弗雷克曼老师刚开始教小学二年级，她让18名儿童坐在地毯上围着她，想象自己生活在很久以前，需要买木柴生火。

弗雷克曼老师："你怎么确定……如何确保你得到了足够多的木柴？你用什么测量？"（18名儿童中有4名儿童举手，弗雷克曼老师点了埃米莉的名字。）

埃米莉："回形针。"

弗雷克曼老师："好。如果没有回形针，你还能怎么测量呢？如果没有金属？"（18名儿童中有2名儿童举手。弗雷克曼老师点了格留沃的名字。）

格留沃："电视。"（有几名儿童笑了。）

弗雷克曼老师："你用电视怎么测量呢？"（弗雷克曼老师想让儿童思考用手测量，这是这节课的重点。她把问题拉到她知道的已经发生过的现实场景中。）

弗雷克曼老师："谁知道他们是怎么测量马的？"（3名儿童举起了手。弗雷克曼老师点了佩顿的名字。）

佩顿:"可以用手指测量。"

弗雷克曼老师:"你当然可以,这很有趣。阿莉,你是怎么测量马的?"(阿莉没有举手,但弗雷克曼老师知道她在操场上玩过"马"。)

萨曼莎:"在秤上?"

弗雷克曼老师:"不,不是在秤上。当我买一匹马时,我会问它有'几手大'。他们用自己的手从马蹄开始测量,然后数'1、2、3、4……'(她用手测量)。今天,我们要用手来测量。"

在这个案例中,18名儿童中的4名儿童说话了,且只有6名儿童举了手。开口说话的儿童努力地参与关于数学的对话中,但他们对数学对话的情境并不熟悉。最初,他们应该想象很久以前是怎样的,但当被问及可用的测量工具时,埃米莉建议使用回形针。这并不是弗雷克曼老师所想的——因为很久之前没有回形针,只有尺子,也因为当时教师有意用手作为测量工具。然而,埃米莉对回形针很熟悉,这可能是小学低年级课程中最常见的代替尺子的测量工具,所以她给出了这个答案。与埃米莉相反,格留沃是一个不太擅长学校游戏的儿童,也许他更喜欢逗同学笑而不是因为正确作答而得到表扬,所以他提供了"电视"这个答案。随着时间的推移,如果儿童发现自己无法在数学课程讨论中表现出色,那么他们通常会在班级中寻求其他形式的认可,比如成为"班级的喜剧演员"。

弗雷克曼老师意识到谈话没有达到预期的效果,她试图重新把儿童引导到一个能让他们把手当作测量工具的情境中。然而,儿童对测量马的程序没有她熟悉,因此建议用手指和秤作为可能的测量工具。虽然这两种工具都是可以用来测量的合理对象,但不是正确的答案,弗雷克曼老师不得不自己回答自己的问题。

最后,只有不到1/3的儿童算是参与了对话,并且没有一名发言的儿童觉得自己参与得很好。此外,案例中的对话不太可能加深儿童对测量的理解，因为他们不熟悉所涉及的情境，无法将数学概念和现实情境联系起来。作为教师，弗雷克曼知道需要把儿童的经验与之联系起来。她在课后说，她之所以提出给马量身高的情境，是因为她知道班上有几个女孩喜欢这些动物。然而，儿童对马的入迷或想象并不一定能提供理解数学问题所需的丰富经验。此外，即使最喜欢马的女孩能够回答这个问题，但大多数儿童可能仍然没有机会建立联系。同样，即使利用另一种更常见的情境，比如烹饪，弗雷克曼老师也不知道哪些儿童有相关经验，哪些儿童需要建立其他类型的联系。

案 例 2

该案例来自一位更有经验的教师的课堂，她和同事在学习共同体中投入了大量的时间研究自己的教学，并且努力在她的二年级班级里每周提供一些游戏时间。在开始学习测量单位的前一个月里，她在教室中增设了一个测量区，这里有尺子、卷尺、天平、秤、码尺、可拼插的方块积木、容器和需要测量的物体。此外，她鼓励尽可能多的儿童探索这些材料。然后，她在介绍测量单位时借鉴了这些经验。

詹姆斯老师："如果你曾经量过东西，请举手。"（詹姆斯老师等着儿童举手，22名儿童中有20名儿童举手了。）

詹姆斯老师："德文，你还没举手。你从来没有量过东西？在教室里呢？"

德文："我们量过桌子。"

詹姆斯老师："上个星期和埃文一起量的，是吗？那么请举手。"（没有举手的阿基拉也举手了。）

詹姆斯老师："我们一起写下你们测量的一些东西。"（她在房间里走来走去，叫每个孩子说出物品的名字。有些孩子说"他说了我的"，但她还是允许他们用任何方式说出自己测量过的物体。3分钟后，每个孩子都说完了，14个物体被列在了黑板上。）

詹姆斯老师：“哇！这么多测量过的东西。现在，我有另一个问题要问你们。你们用什么测量？告诉你旁边的同伴你用什么测量的。（大多数儿童身体倾斜着与旁边的同伴说话，两三名儿童静静地坐着。）好的，这是我听到的一些东西。”

詹姆斯老师在第一栏写下"尺""卷尺"和"码尺"；在第二栏写下"可拼插的方块积木""纸、回形针"和"泰迪熊"；在第三栏写下"手""脚"和"手指"。她通过让儿童谈论每一栏中事物的不同之处来继续讨论，重点关注标准和非标准测量。

詹姆斯老师在这个案例中做了很多事情来鼓励所有儿童参与。例如，她没有提供测量情境，而是让儿童回忆他们测量过什么东西。因为她在区域活动时间为儿童提供了测量工具，并且观察了儿童是如何使用这些工具的，所以她相信所有儿童都有测量经验。因此，当德文没有举手回答她的问题时，她能够提示他。通过提到学校的经历，她也提醒没有举手的阿基拉，让她想起自己前几周做过的事。将游戏作为数学实验的常规情境，不仅为儿童提供了理解课程的经验，而且提供了让每名儿童说出正确答案来开始数学课的教学方法。

后来，她让儿童告诉身边的同伴他们曾用什么测量。这种参与行为也有两个目的。首先，它提供了一个演讲机会，有助于让不喜欢在教室前面说话的儿童开口说话。此外，它还为课程提供了多样性，减少了儿童感到无聊的可能性。这个过程也允许儿童通过将语言与他们在另一个情境中所做的与数学课相关的事情联系起来，从而开始数学化他们的经验。通过给测量对象命名，儿童可以思考什么样的属性是可测量的，以及如何谈论这些属性，因为很多儿童不仅会给测量对象命名，还会描述他们是如何做的。

其次，通过写下听到的东西，詹姆斯老师以一种新的方式表达自己的想法，验证儿童的回答，也为自己作为一名教师创造一些回旋的空间。她知道自己想把如下东西写在黑板上：一把尺子，用于测量的相同大小的东西和用于测量的不同大小的东西。这样的安排可以让她与儿童就测量单位展开对话，并对人们使用非标准测量工具时发生的情况做一些探索。通过让儿童私下讨论，然后选择答案写在黑板上，詹姆斯老师确保列出她需要的所有答案，而不必让儿童"猜"她想要的正确答案。如果没有听到她设置的分类方案所必需的答案，她就会平静地把它加到黑板上的列表中。

通过制作图表，詹姆斯老师用书面语言表达了儿童在游戏中的测量经验，这可以帮助儿童获得有关标准测量和非标准测量之间的差别的核心经验。以这种方式组织的测量工具，会鼓励儿童在本课的情境下思考相似和不同之处。从更广泛的意义上来说，它教会儿童在书面图表中展示数学概念，这是使经验之间建立联系的一种有用的工具。

总的来说，詹姆斯老师为测量单位的教学设计了一个切入点，力求将数学语言与儿童在学校和家里的非正式测量经验联系起来。虽然儿童在游戏过程中与她提供的测量工具互动的时间是有价值的，但掌握小学二年级测量概念要求儿童能够谈论测量单位，叫出测量工具的名字，并描述要测量的属性。以数学语言为重点的正式课程对于实现这一目标至关重要，如果这种语言能与儿童的经验联系起来，就更有意义了。在教室里提供数学游戏时间可以确保所有儿童都能把相关的经验带到课程中，而不仅仅是那些与教师有相似经验的儿童。虽然詹姆斯老师的切入点相对简单，但她需要长期周密的计划，以确保儿童在正式上课前有足够的机会接触测量工具。

根据儿童的探索分配任务

在一间游戏经常发生的教室里，一名儿童或一群儿童通常会投入具有丰富数学学习的任务中。然而，即使在计划和汇报过程中得到教师的鼓励，其他儿童可能也不会选择承担这项任务。保护儿童的选择时间是很重要的，因为在这一天的部分时间里，儿童可以决定他们要做什么——尤其是考虑到大多数儿童如今在学校里能做选择的机会非常少——然而，教师可以把有价值的任务从游戏引入正式的数学课程中，然后要求所有儿童都参与这项任务。

观察甚至做一些笔记，可以支持这个过程。虽然在正式数学中，把儿童的游戏和学习联系起来很重要，但让每天的数学主题受前一天或前一周游戏期间发生的事情引导可能并不理想。研究表明，如果幼儿教师只在儿童游戏时才提到数学，那么无论在正式还是非正式的环境中，数学问题都很难被完成，因为读写活动往往占据主导地位（Ginsburg, Lee, & Boyd, 2008; Graham, Nash, & Paul, 1997）。与年龄较大的儿童一样，系统学习数学概念也有益于幼儿园儿童（NRC, 2009）。一些有影响力的幼儿园课程已经出版，包括《儿童大数学》（*Big Math for Little Kids*, Ginsburg, Greenes, & Balfanz, 2003）和《儿童早期数学学习中的积木建构》（Building Blocks for Early Childhood Mathematics, Sarama & Clements, 2004），可以用来计划和建构全年的数学课程。对其他年级的小学生来说，标准和课程可能已经到位。教师可以把问题记下来，并将其应用于计划有关测量单位的合适时机，而不是惯常地打乱计划活动，让儿童专注于游戏过程中产生的问题。这些问题可以通过展示儿童所做的事情的图片，让儿童谈论他们遇到的问题，或者简单地通过讲述一个观察到的故事来进行介绍。

起初，记笔记可以是简单地拍下问题的照片，或者在便签上快速记下描述，再贴在课本的相应页面上。然后，在适当的时候，这个问题可以发展成一个正式的课程。表8.1显示了创建课程计划的一种可能方式；然而，其他计划格式也会起作用。下面描述了一位教师如何处理她观察到的儿童在游戏中出现的问题，以及她如何将这个问题应用在几周后的正式课程中。

表 8.1 　教案模板

课程主题：

标准：

与课程的联系：

游戏中的问题：

对课程所做的调整：

材料：   预估时间：

形成性评价 / 致力于：

　　张老师是一名幼儿园教师，她发现科里在游戏时间用积木搭建了一条"路"。在搭建的过程中，他用各种各样的积木做成长方形单元，包括两个正方形、四个小长方形和两个三角形。张老师用数码相机拍下了这名儿童的作品，以记录他组合和分解形状的方式。她很高兴看到这名儿童在游戏时学习幼儿园中的几何标准，但是她想深化他和其他儿童的学习。在对照州共同核心数学标准时，她确定了在教师指导活动中需要关注的两个内容标准。

- 将简单的形状组合成更大的形状。
- 正确命名形状，无论其方向或大小如何。

此外，张老师发现了强调实践标准"形成可行的论点，并评论他人的推理"的机会。张老师保存了这张照片，准备在几何学习单元开始时使用。根据这个问题，她计划了一个为期三天的课程。第一天，她给孩子们看科里搭建的路的照片，并邀请科里谈谈他所做的事情。然后，她让孩子们描述他们注意到了什么，这样她就能确保所有儿童都听到了描述图片中形状的合适词汇。张老师用交互式白板在每个单元周围画了长方形，向儿童展示道路是如何由以四种不同方式组合的长方形组成的。然后，她给每对儿童几组积木，请他们用尽可能多的不同方法做出和科里的路一样大小的长方形。在把这些积木放在一起时，她把科里用过的和没有用过的积木都放了进去，比如小三角形。当她在教室里走来走去时，孩子们正在尝试，她尽量说出每一对儿童正在使用的形状，也在寻找一对用各种形状（比如两个小三角形和一个正方形）做成长方形的儿童。在大约10分钟的探索后，她要求所有儿童各自画一个他们用积木做的长方形。在分享时间，张老师邀请孩子们围坐在一起展示自己的作品，并描述自己所画的东西。这为孩子们提供了一个机会，使用适当的语言描述他们使用的积木。

第二天，张老师给孩子们提出了一个新问题。她让孩子们试着找出用他们拥有的积木组成大的长方形单元的所有方式。她让每对儿童画出他们发现的每一种"方式"，与同伴谈论新方式的不同之处，并判断自己是如何知道所有方式都已经找到了。她认为这些提示，特别是后两种，会给儿童提供机会来形成可行的论点，并评论他人的推理。例如，两个儿童在争论：一个先由两个小三角形再由一个正方形组合的单元，和一个正方形后面跟着两个相同的小三角形组成的单元是相同的还是不同的。她让这两个儿童记住这次讨论，之后可以把问题带到大组中进行讨论。在这节课结束的时候，张老师把孩子们的画贴在教室的前面，并带领全班儿童讨论是否可以确定自己已经找到了所有的方法。她引导儿童思考呈现作品的方式，这有助于儿童发现是否找到了所有可能的组合。她还支持儿童就数学中的"不同"进行对话。

第三天，张老师计划了一个简短的评价活动，她给每名儿童一套纸质积木，让儿童在至少使用一个正方形的情况下尽可能把所有的长方形单元都拼出来。她也让孩子们为自己使用的每块积木写标签。在这一系列课程中，张老师将儿童在游戏中产生的问题带入正式的数学课中。在这种情况下，她创建了一系列针对州共同核心数学标准的课程，并有效地吸引住儿童。这使得所有儿童都能够发展几何技能，就像那些经常玩积木的儿童一样。此外，它还能让儿童在空闲时间玩积木，从而让更多的儿童选择玩积木，并在游戏中使用更多的数学语言。创造游戏和正式数学学习之间的联系比无支持的游戏或严格按照课程指南开展的正式课程更能促进儿童的学习。刚开始的时候，可能很难识别出可以引入课程的有效的游戏活动，但附录 A 和附录 B 列出了经常出现数学学习机会的游戏情境和通常应用于数学的语言，可以帮助你识别课程中的游戏问题。

在正式课程中引入趣味性

在一些教室里，特别是在小学高年级，由于学区或学校的限制，固定的游戏时间可能并不实际。而教师仍然可以通过游说来促成政策的变化和在早晨铃响之前或在雨天休息之时，找时间进行游戏。教师也可以找到让正式课程更有趣的方式，使数学对儿童来说既愉快也更吸引人。此外，让数学课变得有趣可以为儿童提供一些发现问题和解决问题的机会，而固定的游戏时间会提供这些机会。回想布格哈特（Burghardt，2011）对于游戏的定义，真正的游戏是：

- 愉快的

- 轻松（不严肃）的
- 重复的
- 毫无压力的
- 自由选择的

此外，游戏通常包括：

- 社交活动
- 创造性思维
- 有吸引力的材料
- 身体运动
- 想象力

显然，有趣的课程不能体现所有这些特征。特别是在一堂课上，儿童不可能决定他们要做什么，或者做多久。尽管教师肯定会考虑在课程中为儿童提供一些选择的机会，以营造有趣的氛围，但儿童可能无法选择与谁合作或使用什么材料。创造愉快的、轻松的、无压力的课程应该是设计有趣的学习空间的重点。此外，教师可以思考以有目的的方式使用通常在游戏（无论是课上还是其他情境下）中使用的玩具作为课程的重点。

表 8.2 中的问题有助于教师在完成正式课程或一套标准的同时，头脑风暴有趣的课程。

表 8.2　当为建构有趣的课程而调整课程和标准时需要反思的问题

1. 如何改变标准或课程，让儿童有一些选择？
2. 如何在课程中促成儿童之间的互动？
3. 孩子们可能喜欢使用什么材料来上这节课？
4. 如何改变或调整这节课，以允许多种途径或创造性的解决方案？
5. 如何在课程中有意义地创造令孩子们愉悦或积极的情境？
6. 在课程中减轻压力的方式是什么？
7. 如何深化和拓展课程，使孩子们能够随着时间的推移不断积累经验？

这里有两个不同年级的例子，说明如何根据州共同核心标准或公开课程设计有趣的课程。

一个幼儿园的例子

幼儿园里有各种与计数和基数相关的标准。例如，在幼儿园期间，儿童应该做到以下几点。

- K.CC.B.4.A.　按照标准顺序说出数字名称，每个对象对应一个且仅一个数字名称，每个数字名称对应一个且仅一个对象。
- K.CC.B.4.B.　理解最后的数字名称表示计数对象的数量。计数对象的数量是相同的，不管在计数时它们的排列或顺序如何。
- K.CC.B.4.5.　将 20 个物体排成一行、一个矩阵或一个圆圈，或将 10 个物体分散排列，数一数并回答"有多少？"这一问题；给出 1~20 中的一个数字，数出相应数量的物体。

许多活动可以用来帮助儿童发展这些技能；然而，无论选择什么活动，儿童都需要重复来发展技能。因此，这些内容形成一个富有成效的点来将游戏引入课程中，使活动更加吸引儿童，从而让他们更有可能重复这些活动。游戏的特征、所选活动的特性、吸引人的材料和社交互动等似乎很容易被融入数学课程的设计中。花点时间考虑一下你应该怎么做。

其中一种方法是把塑料袋一起放在一组桶里，每个桶里都有不同种类用于学习重点标准的活动。接下来，在一个星期里，儿童可以选择他们想要参加的活动，每次20分钟。通过让儿童自己选择活动，而不是在活动区里轮换，教师可以在教室里调动游戏精神。如果所有的活动都是针对目标标准设计的，那么如果一些儿童每天回到同样的活动中，而另一些儿童尝试新的活动，也无关紧要。教师也可以考虑将儿童普遍喜欢的艺术、建构或比赛游戏等活动融入其中。以下是针对这些标准的一些活动。

- 抓一把泡泡球、珠子、亮片等，用胶水在一张纸上制作一幅画。数一下纸上有多少件物品。把这个数字写在纸上，然后用相同数量的物品制作第二幅画。
- 提供一袋或一盒不同颜色的汽车、恐龙、水果或其他物品。让儿童两人一组，数一数每组儿童有多少件物品。提供一张记录表，让儿童写下自己的答案。
- 数出18块任何种类的积木。用这18块积木造出最高的塔。再试一次，看看是否能用不同的积木或重新排列这18块积木建造一个更高的塔。
- 玩线性棋盘游戏。使用两个有1～6个点的骰子投掷。
- 使用塑料动物和积木搭建一座动物园。为动物园画一幅画，并写下每个围栏中每种动物的数量。和朋友交换图画并搭建对方的动物园。
- 与合作伙伴一起收集20件物品。给你的作品拍一张照片。
- 和伙伴轮流以不同的方式摆放12件物品。哪种方式最容易计数？准备好时，可以请教师提供更多的物品来计数。
- 给合作的儿童一小堆乐高积木。让一名儿童在用作分隔物的文件夹后面搭建一个结构。第一名儿童应该向第二名儿童描述这个结构，说明用了多少种积木，每一种以何种方式使用。看看第二名儿童是否能搭建一个相同的结构。轮流进行。
- 在罐子里放一些有趣的物品（贝壳、大理石、珠子等），数量从1件到25件不等。请儿童数数每个罐子里物品的数量，用笔把答案写在旁边，并按从小到大的顺序排列。完成后，儿童应该擦掉罐子上的数字。

显然，利用班级中可用的材料可以进行许多活动，并且这需要一些时间和计划来设计和组织，但是一旦它们被设计出来，整个星期就都不需要额外的工作计划。此外，许多课程指南中都有一些经过简单调整就可以加以运用的活动，而且有些活动可以年复一年地完整保存，方便未来更容易地制订计划。

一个小学二年级的例子

表8.3所展示的是一个相对典型的测量课程，儿童首先在数学课本上使用尺子，然后在物体上使用。有很多方法可以让这样的课程变得有趣，包括增加可以测量的物体数量，允许儿童选择测量对象。儿童也可以参加户外的测量活动，这可以激发他们对自然世界的好奇心，并允许儿童进行一些具有挑战性的测量工作，比如测量很长的长度。

表 8.3　小学二年级课程示例

如何调整下面的课程，使其更有趣？

标准

挑选和使用尺子、码尺、米尺、卷尺等工具测量物体的长度。

用厘米和米估算长度。

热身

为儿童示范如何使用带有厘米的尺、码尺、米尺和卷尺。

独立实践

工作表

问题 1—8：为图片中的每个对象圈出合适的测量工具。

问题 9—15：用尺子测量所画物体的厘米数。

问题 16—18：测量书桌、数学书和鞋子的长度。

霍奇斯先生是一名小学二年级教师，他通过在课程中引入一种富有想象力的情境，让线性测量课程变得有趣。他鼓励儿童思考，如果对班级施一道魔法，让孩子们长得是现在的两倍高，会发生什么。孩子们思考了这样做的结果后，他让儿童和一个同伴一起在厚纸上画每个人的模型，模型身高是他们当前身高的两倍。他还提供了各种测量工具和绘图工具来完成这项工作，并鼓励儿童思考身体部位（如手臂、腿、脚和头）会发生什么变化。这个问题很有趣，因为它鼓励儿童进入一个想象的世界，互相合作，产生创造性的产品，处理可以通过多种方式解决的问题。

这个问题是数学问题，它要求儿童在测量中做出重要的决定。例如，他们决定用厘米测量，不是基于书本的指示，而是聚焦于问题中的数学制约因素。一些儿童使用厘米，因为他们认为这样会得出更精确的数字；另一些儿童选择使用米，因为这样会得出更小的数字，更容易处理。所有这些决定都可以在工作结束后讨论。此外，这个问题也提供了很多测量机会，因为儿童不仅要测量自己身体的很多部位，还要使用测量工具在纸上画出图形,这经常需要重新测量和确认彼此的测量结果。当儿童谈论"多接近是足够接近?"时,这个问题促使儿童进行估算。简而言之,这个问题不仅让数学变成一天中愉快的、令人享受的部分,还让问题所涉及的知识内容更丰富。在数学课程中引入游戏不应被视为与"严谨"相对立,而应被视为支持"严谨"。当然,不是所有的课程都包含游戏的方方面面,但随着儿童进入小学阶段,游戏的机会越来越少,探寻将选择、刺激、运动、想象力和好奇心带入正式课程的方式变得越来越重要。

第 9 章

评价中的游戏

教师总是想办法记录儿童在课程上学到了什么。然而，自 2001 年以来，甚至在早期教育阶段，评价已经成为教师和儿童的一种高风险的努力行为。虽然小学三年级之前的儿童可能不需要参加正式的数学能力测试，但许多学区可能要求进行标准的季度评价，而且随着公立幼儿园数量的扩大，许多幼儿园需要实施评价。此外，许多学区要求教师就儿童的数学和读写情况做出越来越详细的报告，有些学区要求教师填写书面表格，这些表格需要教师对每名儿童的 20~50 项技能做出判断。将游戏视为一种评价情境，不仅可以缓解儿童在评价过程中的焦虑，还能为教师提供更多的情境，观察到特定的技能。此外，在自然的条件下评价可以提供准确的画面，展示儿童的数学能力。赫什-帕塞克、科查诺夫、纽科姆和德·维里耶（Hirsh-Pasek, Kochanoff, Newcombe, & de Villiers, 2005, p.11）认为，"开发一种工具来测试儿童在日常生活中使用的语言、读写、数学和社交技能是明智的"，可以确定重要的学习过程以及互不相关的知识和技能。看到儿童在情境中使用一种技能，往往会比看到他们孤立地使用相同的数学知识提供更多的信息。

K—2教室的教师很可能已经陷入了评价和要求的困境。然而，他们可以通过寻找非正式的情境来进行评价，或者通过设计（或重新设计）评价任务，增加趣味性，从而减少对自己和儿童的要求。此外，教师可能会发现，对照年级水平的数学标准，反思儿童应该知道什么和做什么是有帮助的。"逆向设计"（Backward Design），这一根据学习目标设计评价的实践方式（Wiggins & McTighe，2005）已经被广泛使用了几年。然而，随着学区、州或国家层面对评价做出的决定越来越多，越来越少的教师设计自己的评价并明确地与标准挂钩。对照州共同核心数学标准的年级目标水平，并在评价和游戏的背景下进行思考，可能会帮助教师思考如何有效地调整评价，使其要么发生在游戏中，要么引入游戏元素。教师需要考虑的问题如下。

- 评价的哪些方面是可以观察的？我如何在教室里创设空间，在游戏中引出目标技能或词汇？
- 评价的哪些方面可以作为表现性评价任务来实施？这些任务如何与游戏相结合？
- 社交互动在评价中（之前或之后）扮演什么角色，如何在有趣的情境中发生？
- 如何调整书面评价，从而利用儿童在游戏中熟悉的情境？

幼儿园教师[1]可能发现自己面临着类似的评价要求，或者他们可能发现自己面临着相反的问题：在儿童的数学学习中，就评价什么或如何评价而言，他们几乎得不到指导。这一点特别正确，因为州共同核心数学标准没有恰当地描述适合幼儿园儿童的数学，尽管许多州有早期学习标准，可以有效地用于设计评价，即使它们是在其他情境中产生的（表

---

[1] 这里指美国2.5—5岁儿童的教师。——译者注

9.1 显示了美国佐治亚州的相关情况）。许多标准可以在游戏情境中进行有效的评价，而其他标准可以在儿童熟悉的游戏活动中进行有针对性的评价。以下部分将描述通过观察游戏来评价数学学习的策略和利用游戏设计评价的策略。幼儿园的情况将与小学一、二年级的情况分开讨论，因为对不同年级的评价要求往往是不同的。

表 9.1　美国佐治亚州早期学习和发展标准

数字与数量	测量与比较	几何与空间思维	数学推理
·按顺序背诵20以内数字。 ·识别数字，并将计数作为游戏的一部分和决定数量的一种方式。 ·将数字与具有相同数量（0~10）的物体相匹配。 ·用"更多""更少""相同/相等"等词语描述数集。 ·快速识别并说出一组中有多少个物体（最多有4个）。 ·说出一个给定数字（10以内）之前和之后的数字。 ·用一一对应的方式匹配两个相等的集合，并理解它们是相同的。	·探索和交流距离、体重、长度、高度和时间。 ·使用数学语言描述测量经验。 ·使用两个或更多属性（长度、重量和大小）比较物体。 ·使用各种技术、标准和非标准工具测量与比较长度、体积（容积）、重量。	·使用适当的方向性语言说明物体在环境中的位置、距离、顺序。 ·有目的地操作，并描述将物体匹配在一起的过程。 ·探索、识别和描述形状及其概念。 ·识别和命名常见的二维和三维图形及其组成部分和属性。	·使用数学术语进行估算，并了解如何验证估算。 ·使用简单的策略解决数学问题，并与他人交流自己是如何解决的。 ·使用推理技能确定数学问题的解决方案并交流原因。

续表

数字与数量	测量与比较	几何与空间思维	数学推理
• 使用一一对应点数至少10个物体。 • 练习组合、分解和命名数量。 • 使用数字的数学语言描述班级图表中的数据。 • 计数时，在成人的指导下理解并能够用最后数出的数字表示数量（基数）。	• 将时间的流逝与现实事件联系起来并加以描述。	• 将简单的形状组合成新的形状。	

通过观察进行评价

在早期教育中，为读写和数学教学写逸事记录是一种长期存在的做法。研究表明，经常对儿童的数学思维做笔记的教师会对儿童的思维更感兴趣，并能在帮助儿童描述他们的解决策略时抛出问题，而不是简单清晰地说出正确答案（Borko, Mayfield, Marion, Flexer, & Cumbo, 1997）。一直以来，教师使用各种策略持续记录，比如使用便利贴记笔记，然后有条理地在螺旋笔记本上为每名儿童保留一个页面；用记事卡写笔记，并将其存储在单独的盒子里；使用有观察表格的写字板，并将其存储在相应儿童的文件夹里（Smith, 2006）。附录C展示了教师制作的观察评价表的一个例子。新技术也为记录和存储创造了新的可能性。例如，平板电脑既可以用来记录有关儿童工作的文字，还可以保存图片。这些笔记可以用不同的方式组织起来。像"印象笔记"（Evernote）

这样的软件方便教师为每名儿童整理各种各样的文本、笔记和照片标签。也可以直接将笔记发送到教师的电子邮箱，将其剪切和粘贴到其他文件中或与家长分享。同样，社交互动软件可以和私人账户一起使用，这些私人账户只能由班级教师访问，或者在需要的情况下，教师和家长都可以访问。有些社交软件支持照片和文字的整理与分享，这是很有帮助的，因为大量的信息可以通过视觉图像捕捉，而且拍摄照片花费的时间比写笔记更少。除了这些广泛运用的软件之外，还有一些专门设计的教育软件也可用于完成这项工作。

本书的前几章提供了一些例子，说明游戏过程中可能出现某些数学内容，但聚焦于评价时，教师可能希望改善某些材料或活动区作为一种方式来捕捉儿童有关特定数学概念的反应。根据评价的内容（例如，哪名儿童使用哪种材料或所有儿童数数的能力），教师既可以让儿童决定是否与重点材料互动，也可以让所有儿童在整周中有一些时间在一个特定的活动区里游戏。

评价幼儿园游戏中的数学

在思考如何在游戏中评价数学技能和数学知识时，幼儿园教师可以考虑两种指导观察的策略。第一种方法是确定某些儿童，并随着时间的推移观察他们参与的各种数学活动。第二种方法是在教室里选择一个涉及数学较多的区域，然后集中观察哪名儿童选择在这个区域活动。对刚接触在游戏中观察数学学习的教师来说，第二种策略可能更有成效，因为它有助于支持教师了解教室里发生的多种数学学习，并提高自身识别它们的技能。附录 A 列出了在儿童接触特定课程材料时经常被观察到的数学技能和数学概念，有助于教师决定从哪里开始观察。对数学游戏进行描述或拍照可以丰富从更正式的数学学习评价中获得的知识。例如，观察可能显示儿童通过将大量物体分组进行计数的策略。有些儿童可能根本不打算整理物体，另一些儿童则可能将物体排成行或使用排序策略来边记录边计数，还有一些儿童可能根据特定的数量（如5或10）进行分组，以使计数变得更容易。所有这些策略使我们可以深入了解儿童的计数知识。教师可能会发现，以开放的形式记笔记是最容易的，但是附录C提供了一个观察表格的例子，在需要的情况下，可以用来指导记笔记。这种表格还可以帮助父母、助教或实习教师在需要时做逸事记录。

除了观察课程中经常被挑选的玩具带来的数学学习，教师还可以引入新玩具来激发特定的数学技能。例如，在教授与形状的名称、几何图形的组合和分解相关的重点数学课之后，可以引入一套新的图案积木拼图作为区域活动时间的玩具。观察儿童完成拼图的过程为教师提供了一个机会，了解儿童在另一个情境中描述这些积木时是否使用形状的名称，以及儿童在认识形状之间的关系上发展到哪种水平。例如，有些儿童可能会使用试错的方法将积木放入拼图中，而其他儿童可能根据积木的大小或不同角度呈现的形状做出系统的选择。在游戏过程中观察儿童的工作有助于教师了解，在没有成人的指导下儿童可以做什么。

在以数学评价为目的的游戏观察中，教师可能想问儿童问题，以进一步了解儿童理解什么和能做什么。可以以开放式的问题开始，比如"你能告诉我你做了什么吗？"或者"你是怎么知道的？"。允许儿童从指出对他们来说重要的东西开始，并使用在他们思维中占主导地位的词汇。例如，一个在玩积木分类的儿童可能不会考虑找出所有小长方形积木，而是一直寻找所有的蓝色积木。越聚焦的问题越有助于全面地评价儿童的数学理解能力。例如，提问"你比贾里德多多少？"可能会引出一个原本并不会出现的观察计数策略的机会。然而，在问重点问题时，不要让儿童数面前的物体或命名形状。成人经常问儿童这些问题，虽然他们很关心如何发现游戏中的数学，但这些问题往往是无用的。例如，一旦教师知道所有儿童都能数到10并说出形状的名字，那么让儿童做这些事情就没有什么意义了。相反，应该通过提问来评价（并鼓励）更高级的数学技能。表9.2展示了如何基于游戏观察练习评价儿童的数字学习。

表 9.2　试一试 1

　　在幼儿园的区域活动时间，杰里迈亚正在玩天平。他在一个桶里装满不同大小的乐高积木，在另一个桶里装满不同大小的木质积木。天平向木质积木那边倾斜。杰里迈亚拿出所有的木质积木，天平向乐高积木那边倾斜。杰里迈亚把两块最大的木质积木放回桶里，天平又向木质积木倾斜。他把大的积木拿出来，然后把 3 块小的木质积木放进桶里。天平来回晃动，然后稳定下来。杰里迈亚抬头看着一直在看他的教师，咧嘴笑了。

　　回头看看本章开头的佐治亚州早期学习和发展标准。

- 杰里迈亚在游戏中达到了什么数学标准？
- 他在游戏中做出的决定表明了什么？
- 教师可能提问什么问题来了解杰里迈亚如何思考他遇到的数学问题？

　　教师会问什么问题进行评价，并且让杰里迈亚思考其他类型的数学知识？

评价小学一、二年级游戏中的数学

　　小学一、二年级教师提供固定的游戏时间作为日常学校生活的一部分，并使用前文描述的所有策略，尽管数学比较复杂。然而，随着小学越来越重视学业学习，许多教师很少有机会观察小学高年级游戏中的数学活动。也就是说，观察儿童非正式地学习数学仍然有助于教师深入地了解儿童的数学能力，这对那些在正式评价中感到极度焦虑的儿童来说可能尤其重要。

　　将游戏时间设置在周五下午、早上上课铃响之前或室内休息时间等策略，都可以用来评价小学高年级儿童在非正式情境下使用数学的情况。小学一、二年级教师可能希望在观察中将重点放在难以在纸上评价的技能。例如，小学一年级教师弗里曼老师一直试图鼓励儿童在做加法的时候往下数，而不是从头数总数。她班上的许多儿童还在计算第一组物体和第二组物体的总数。然而，她很难从交上来的书面作业中分辨出哪些儿童已经掌握了加法运算技能，哪些儿童还在努力。她决定在教室里提供各种各样的游戏——有些是商业游戏，有些是她自己设计的——这些游戏都需要掷两三个骰子才能移动棋子。她让儿童在早上广播之前和室内休息时玩这些游戏。通过观察游戏中的儿童，她能够识别出加上骰子上的数字时，哪些儿童在继续往下数，哪些没有。这让她对教学做出有针对性的决定，也能与家长就儿童需要练习的数学技能进行专业的交流。

同样，玩乐高积木、木质积木、图案积木拼图和几何建构材料能让教师看到儿童有目的地解决问题和使用数学语言的方式。此外，与教学环境不同，当教师努力让所有儿童都参与任务、在课程中有效行动或确保没有人感到无聊时，游戏环境为教师提供了足够的时间观察特定儿童，判断他们知道什么和能够做什么。表9.2和表9.3有助于教师思考如何在游戏环境中评价数学。

表 9.3　试一试 2

蒂娜在一年级的室内休息时做了一个建构物，教师为她拍了一张照片。

关键的几何标准

- 区分典型属性（例如，三角形是封闭的，有三条边）和非典型属性（如颜色、方向、大小）；构建并绘制具有典型属性的形状。
- 组合二维形状（正方形、三角形、长方形）和三维形状（正方体、长方体、直立圆锥体和圆柱体）来创建一个复合形状，并用复合形状组成新的形状。

问题

针对这些标准，你认为这名儿童知道什么或者正在做什么？

你会问什么问题来引发儿童有关关键标准的思考？

设计基于游戏的评价任务

除了在游戏中为了评价而做逸事记录外，教师还可以有意识地设计用于游戏情境或在游戏中利用儿童熟悉的玩具进行的评价任务，如表9.4所示。这些任务可以作为正式评价面试的一部分，也可以被单独用于评价某个数学领域。经常用这些方法做评价可以缓解一些儿童在评价过程中感受到的焦虑，也可能帮助儿童表现得更出色。在设计评价时，关键是考虑你想要评价的数学知识和你在班级中拥有的游戏资源，看看能在哪里找到联系。下面是一些教师的想法，帮助你顺利开始这项工作。

表 9.4　基于游戏的评价

张老师是一名幼儿园教师，她想了解儿童组合和分解形状的能力，于是用乐高积木在底板上拼出一个长方形，然后让儿童自选积木填充这个长方形。下面是两名儿童在评价中的行为。

埃莉

当埃莉坐下来的时候，她立刻拿起一块和长方形外缘一样长的积木试着把它放进去，却发现不合适。她大声说："太大了，我需要一个正方形。"她在积木堆里寻找一个中等大小的正方形。当她把它放进长方形时，它占据了一半的空间。然后，她发现了两块小而窄的长方形积木，并说："嘿！我可以用这些。"她把一块积木放在另一块上面，以填补剩余的空间。张老师问："你能给我讲讲你用来填充长方形的积木吗？"埃莉说："我用了一个正方形和两个小长方形。"张老师问："这两个小长方形会组成什么形状？"埃莉咧嘴一笑："另一个正方形。"从这次互动中，张老师可以看出，埃莉能够准确地使用词汇命名形状，并熟练地组合和分解简单的形状，不需要反复试错。她已经准备好完成更复杂的任务。

续表

布赖恩

当布赖恩坐下来做同样的活动时，他开始拿起一个长的长方形，先后试着用两种不同的方式匹配。然后他拿起一个小长方形，把它放在长方形空间的正中央，这让他很难找到积木来围绕它进行填充。为此，他一块接一块地拿起积木，试图把它们放入空间，而不估计哪块积木最适合。他抬头看着张老师说："没用。"张老师让他在积木里找一找，看能不能找到一些可能合适的窄积木。布赖恩在积木堆里挖了一会儿，然后摇了摇头。张老师挑选了一些窄积木，帮他把它们塞进空着的空间里。当她完成后，她让布赖恩讲一讲他刚才使用的积木。他说："我用了一些红色的积木和一个蓝色的积木。"通过互动，张老师发现，布赖恩需要有关几何词汇以及组合和分解形状方面的更多经验。她知道使用比乐高积木更大、更容易操作的木质积木对他来说会更有成效，并计划让他在接下来的几周有机会玩这些积木。

幼儿园中班

大约 4 个月后，梅津老师决定检查儿童在计数和数字方面的进步情况。具体来说，她想知道儿童是否认识数字，是否能正确地数出 10 以内的物体（K.CC.B.5）以及正确地识别集合中物体的数量（K.CC.C.6）。她还想知道，是否有儿童掌握了基数原则，换句话说，看看他们是否意识到计数序列的最后一个数字就是整个集合的数量。对于评价情境，她决定使用儿童经常在区域活动时间玩的玩具农场。她在谷仓里放了许多动物玩具，包括牛、马、猪和鸡，然后在一张绿色的纸上画了一块草地，并用白色的积木做成栅栏，为每一种动物创建围栏。当她在区域活动时间把谷仓搬出来的时候，很多儿童对此很好奇并想要玩。梅津老师向他们保证，每个人都能帮助她规划一个农场，但他们一次只能一个人玩。当她的助手照看儿童游戏时，梅津老师邀请儿童一个一个地过来和她一起游戏。她告诉儿童，在一场暴风雨中，所有的动物都混在了谷仓里，有些动物甚至被风从隔壁的农场吹过来了。她告诉他们，农场主留下一封信请求他们帮助，然后她让儿童做以下事情。

- 数出3头牛、4匹马、7头猪和10只鸡。（她告诉儿童，多余的动物属于邻居。）儿童数完每一种动物后，梅津老师问儿童："这里一共有多少动物？"这让她能够评价儿童对基数的掌握情况。
- 将每种动物分配到一个围栏旁，并在围栏上贴上标有正确数字的纸牌。儿童从编号为0～10的纸牌中进行选择。
- 辨别哪个围栏里的动物最多，哪个围栏里的动物最少。然后她额外给儿童一些牛和马，并让儿童拿出足量的动物，从而使邻居拥有和农场主一样多的牛和马。

总而言之，每名儿童的活动时间为5～10分钟。梅津老师的写字板上有一张核查表，方便她快速标记每名儿童能做什么。虽然类似的评价也可以在一个桌面上通过计算立方体的数量完成，但是对儿童来说，梅津老师使用一个玩具和一个故事就让活动更有吸引力和趣味性。

幼儿园大班

巴克斯顿先生是一位教师，其所在学校中的很多儿童将英语作为第二语言来学习。他担心即使把问题大声读给儿童听，使用书面评价也可能无法捕捉到儿童所知道的数学知识。因此他开始尝试表现性评价，这样就可以满足每名儿童的需求，支持儿童交流他们所知道的东西。年初，他决定进行一次评价，了解儿童在正确识别形状（K.G.A.2），使用方向性词语（如上面、下面和旁边）（K.G.A.1），以及将简单的形状组合成更大的形状（K.G.B.6）方面的学习情况。他决定使用图案积木拼图作为评价的重点，从允许儿童以任何他们想要的方式玩材料开始。然后，他给儿童展示了一系列轮廓，让他们用积木填充，从轮廓上显示每个积木的颜色开始，到轮廓上只画出形状的边缘结束。在儿童完成每个拼图后，巴克斯顿老师让儿童讲一讲他们所做的拼图。他通过倾听发现儿童使用了哪些形状名称和方向性词语。如果儿童没有使用适当的词汇，他就会对他们进行引导，使用儿童母语中的词汇或画有图形的纸牌让儿童在拼图中识别相似的图形。这样做评价，巴克斯顿老师不仅能够为儿童创设更相关的情境，而且即使儿童还没有发展出必要的词汇来描述他们在做什么，他也可以了解到儿童什么时候可以不受方向影响识别出相似的形状，什么时候可以组合复杂的形状。

小学一年级

邓纳姆老师想评价一年级儿童将数字组合为 10 和分解为 1 的能力。她决定在教室后面用一桶桶制作手工品剩余的材料开个"商店"，里面有泡泡球、贴纸、珠宝、亮片、毛根条，等等。她让儿童一次来一人，并选择三个桶。然后，她让儿童抓一把材料，每 10 个组成一组来计算数量。最后，她让儿童看自己整理的材料，写下代表每一堆材料数量的正确数字，并将这些数字按从小到大的顺序排列。邓纳姆老师把每名儿童的材料装在一个塑料袋里，这样当全班儿童完成评价后，每名儿童都可以用自己选择的材料创作一个艺术作品。邓纳姆老师亲自为前两名儿童进行评价，以确保评价是有效的，随后她培训一位家长志愿者进行评价，记下儿童数错的地方，并记录儿童写的数字是否正确。在这个过程中，邓纳姆老师不仅收集了她需要的关于儿童数学思维的信息，而且让家长参与了课程中有意义的方面。班级中的大多数儿童喜欢评价，因为可以受到一对一的关注，而且他们发现材料有吸引力，喜欢处理材料并期待艺术活动。

小学二年级

弗里曼是一名小学二年级教师，当时她即将完成一个关于线性测量的课程单元，但没有给儿童做正式的测试，而是决定做一个基于游戏的表现性评价。儿童一直在科学课上做种植活动，因此弗里曼老师邀请儿童用橡皮泥做一个虫子家庭，并指导儿童做五条长度不同的虫子。当儿童把橡皮泥揉成虫子时，他们互相谈论各自的虫子家庭，给它们分配名字、工作、家庭角色和性格。然后，弗里曼老师给每名儿童发纸张，让他们按从大到小的顺序排列虫子。之后，她给每名儿童分发另一张纸，让儿童估计每条虫子的长度，用厘米为单位进行绘画，并找出最长的虫子比两条最短的虫子分别长多少。这些是弗里曼老师根据所在地区的课程而需要评价的技能，她原本可以简单地给儿童提供一系列线条来测量，但是通过创造虫子家庭来评价，不仅使任务让儿童更愉快，而且更吸引儿童。

目前，即使是在早期教育阶段，家长和儿童也都对学校的评价感到非常焦虑。幼儿听到哥哥姐姐谈论学校时，可能就已经害怕参加考试了。将游戏融入评价可以帮助教师和儿童放松，反过来，也有助于教师更容易地发现儿童知道什么和仍然需要学习什么。

第 10 章

结语

希望你现在已相信将游戏融入课程的现实益处。但你可能仍然对家长或管理者的反应感到紧张。尽管如此，你可以采取多种方法来应对焦虑，包括关上门并期待最好的结果。当然，这是一种行之有效的方法，在某些时候你可能会发现它是必要的。然而，你也可以花时间邀请别人来分享你对人性化和有效的儿童早期教育的看法。

首先，你可能会想到许多游戏的代名词：探究、创造性解决问题、戏剧、选择时间、建构、以艺术为基础的学习、示范、建造和设计、实验、体育，等等。如果你认为包含之前列出的两三个活动的时间表可能比 60 分钟的游戏时间能够引发成人更好的反应，那么无论如何都要更改名称。然而，当更改名称时，请记住要允许儿童做出选择并缓慢推进游戏，从而保持其有趣的本质。

其次，你可以考虑与管理者、其他教师甚至家长分享阅读材料。有时候，即使他们没有阅读你提供的文本，他们也会因为知道你的做法是以一定的知识为基础的而感到安心。

表 10.1 列出了有助于你与他人分享的受欢迎的书籍。这种分享书

面文本的技巧与儿童在教室里做活动时的实际经验相结合时特别有用。

表 10.1　有关游戏的书籍

- 《玩出好人生》[1]（*Play: How It Shapes the Brain, Opens the Imagination, and Invigorates the Soul*，Stuart Brown）
- 《游戏的力量：玩出创造力和竞争力》
- 《爱因斯坦从不用闪卡：孩子如何真正地学习，为什么需要多玩少记》（*Einstein Never Used Flashcards: How Our Children Really Learn—and Why They Need to Play More and Memorize Less*，Kathy Hirsh-Pasek & Roberta Michnick Golinkoff）

我发现两种特别有用的与家长和其他教育者分享的方法。一种是鼓励家长在课程之夜和开放日期间与孩子一起玩教室材料，这可以改变他们的想法。可以考虑让家长和儿童一起玩积木、木偶、橡皮泥、拼图等游戏，然后把家长召集在一起，讨论各种游戏中存在的学习机会。你也可以继续将这种游戏与数学和读写能力的特定标准联系起来。

另一种选择是（在家长允许的情况下）拍摄儿童在室内和室外玩耍的视频，并向一组家长（或教师）展示视频，作为儿童可以在游戏中学习的示例。我发现人们在看这些视频时非常兴奋和投入。例如，我给一组家长播放他们的孩子在操场排队时边跳边数数的视频片段。我指出儿童是如何将计数与每一跳相匹配的，并将其与建立一一对应关系的需要联系起来。家长们回答说，他们从来没有想过数学学习是可以在户外进行的，他们很高兴能找到机会把儿童游戏和数学联系起来。顺便说一句，我还发现把儿童游戏的照片和儿童坐在椅子上做作业的照片放在一起的效果特别好（如图 10.1 和图 10.2 所示）。儿童的眼睛和身体有着惊人的差异，这一点几乎无人能否认。

---

[1] 该书的简体中文版由中国人民大学出版社于 2010 年出版。——译者注

图 10.1　儿童坐了整整一节课的时间　　　　图 10.2　儿童在创作三维图形

你也可以帮助儿童成为班级游戏的倡导者。花时间与儿童进行交谈，帮助儿童发展语言来谈论他们做了什么，将他们的游戏和正式课程联系起来，就教室提供的丰富的学习机会和家长谈论儿童的一天（当被问及上学日的情况时，不是简单地说"我们就是做游戏"）。

最后，你可能还需要向家长（和管理者）保证，儿童仍然有许多机会接受传统的教育。指出一天中指导读写课、科学实验和书面数学题的时间，让他们放心，不仅在游戏情境和正式教学情境中都有时间学习，而且由于儿童有多种体验，因此这两种情境中的学习实际上更有效。

*　　*　　*

大量的证据支持将游戏融入课程，而且这些证据特别有助于教师获得管理者和家长的支持。然而，关于是什么单独起作用的研究并不能指导我们的课程教学。例如，可以想象，一项研究表明，对儿童实施电击可以获得更高的考试分数，但即使这样，也没有人会提倡这样的做法。我们不仅要问这种教学方法是否有效，还要问将它用于儿童是否合乎道德，这是我们的责任。

可以用多种有关游戏的方式来解释这个问题。最常见的伦理争论可能是让游戏适合儿童发展。例如，美国幼儿教育协会指出，"游戏需要成为儿童一天中重要的一部分，也是具有发展适宜性的教室的一部分"

（Copple & Bredekamp，2009，p. 328）。为了支持这一说法，该手册引用了类似本书中描述的研究，表明游戏对儿童的身体、社会性和认知都有好处，还提供了一些不适合儿童发展的案例，如没有或很少有游戏时间，大量使用练习册进行教学，长时间交谈或阅读。从这个角度来看，应该将游戏保留给儿童，因为他们特别需要游戏，而且其他种类的教学策略并不适合儿童。

这种争论就其本身而言是好的，但是手册中批判了很多实践——让儿童长时间坐立，只提问事实导向的问题，不考虑儿童的想法，不提供足够的时间支持独立探究——对各年龄段的儿童都是有害的。这些做法让整个小学阶段的儿童感到有压力，就算再长大几岁也不会变得合适。

我认为，教师需要一个道德立场，关注教室里的儿童，关注教学方法对他们的影响（而不仅仅是他们的考试成绩）。俄罗斯哲学家米哈伊尔·巴赫金（Mikhail Bakhtin）提出了一种道德行为理论，旨在让人们关注自己与他人相处的每一刻的特定情境。在此过程中，他将自己的道德标准观与德国哲学家伊曼努尔·康德（Immanuel Kant）的道德标准观进行了对比。康德认为，我们应该根据绝对命令做出决定，排除那些可以普遍适用的定律，而不用考虑特定的情境。从这个角度来看，我们可以为不同年级的儿童制定有关室内外游戏时间和课程作业量的指南。

相比之下，巴赫金（1990）说，如果不及时回应与你在一起的人，你的行为就不能算作是道德的。他把这种回应称为"负责任"。他写道：

> 我自己——一个真正在思考的人，并对自己的思考行为负责的人——理论上并不存在于有效的判断中。理论上的有效判断，在它的所有组成时刻，都不受个人应负责的自我活动的影响（p.4）。

这意味着，教师不能简单地根据指南——即使适合儿童的发展——来决定在课程上做什么是好的。如果儿童很痛苦，就不足以说明他们已经有了适宜的游戏量，因此必须回到课程作业中。"我自己——一个真正在思考的人"必须根据我看到的发生在我面前的儿童身上的事情来决定做什么是合乎道德的。这一立场要求教师以全新的眼光看待班级中的儿童。如果他们经常哭泣，如果他们争论不休，如果他们变得不耐烦或生气，那么我们必须问自己，班级的整体环境是否在某种程度上负有责任。我们不能为那些我们认为有害的行为辩护，即使它们是标准所要求的，是地区所要求的，或者是为了让儿童在以后的年级中取得成功。事实上，巴赫金将这些外部要求称为"托词"，并认为不能利用它们来为我们知道的不道德的行为辩护。

从这个角度来看，作为班级中和儿童在一起的成人，教师需要为自己拒绝或允许儿童游戏的决定负责。实际上，环顾教室时，我们可以问以下问题：

- 儿童什么时候看起来是快乐的？
- 儿童什么时候笑？
- 儿童什么时候最投入？
- 儿童什么时候哭？
- 儿童什么时候会生气？

- 我什么时候最快乐、最放松？

关注这些问题激励我们创设具有人性化和教育性的班级环境，并且几乎可以肯定的是，它是一个有游戏时间的班级。文学学者黛博拉·希克斯（Deborah Hicks）在讨论巴赫金的伦理学时写道，"负责任"所要求的承诺"更类似于忠诚，甚至是爱，而不是遵守一套规范"（1996，p. 107）。作为成人，我们要对儿童的大部分生活负责，需要把忠诚带到儿童教育工作中，就像我们对标准或测试结果的关注一样。

附录 A 游戏中的数学学习

数学概念	州共同核心数学标准条目	活动
数字识别	K.CC.A.1. 1个1个地数和10个10个地数，数到100。 K.CC.A.2. 从已知集合的给定数字开始计数。 1. NBT.A.1. 读写数字，用书写的数字表示多个物体。	• 可用于计数的棋盘游戏 • 带数字的冰箱贴 • 数字拼图
计数和一一对应	K.CC.B.4.A. 按照标准顺序说出数字名称，每个对象对应一个且仅一个数字名称，每个数字名称对应一个且仅一个对象。 1. NBT.A.1. 从任何小于120的数开始，数到120。 2. NBT.A.2. 数1000以内的数。 2. NBT.A.3. 读写1000以内的数。	• 棋盘游戏 • 边画边数数 • 玩纸牌时数数 • 画不同种类的水果 • 制作可拼插的木棒 • 数玩具 • 玩橡皮泥
测量	K.MD.A.2. 直接比较两个具有共同可测量属性的物体，查看哪个物体"更多"或者"更少"。 1. MD.A.2. 通过把较短物体的多个复制品首尾相连，将某个物体的长度表示为长度单位的整数。	• 使用可拼插的方块积木进行建构并比较大小 • 动态游戏（如保龄球、投环游戏）
测量	2. MD.A.1. 选用合适的工具测量物体的长度。 2. MD.A.3. 用厘米和米估算长度。	• 连接链条 • 将箱子放入有限的区域

续表

数学概念	州共同核心数学标准条目	活动
形状：识别和创建	K.G.A.1. 使用形状名称描述环境中的物体，并使用"上面""下面""旁边""前面""后面"等词语描述物体的相对位置。 K.G.A.2. 正确命名形状，无论其方向或大小如何。 1.G.A.1. 区分典型属性和非典型属性；构建并绘画具有典型属性的形状。 2.G.A.1. 识别并绘画具有指定属性的形状。	• 绘画 • 阅读有关形状的书籍 • 形状拼图 • 玩橡皮泥
形状：组合和分解	1.G.A.1. 用二维图形或三维图形组成复合图形，并用复合图形合成新图形。	• 用得宝积木建构塔 • 用积木搭建道路 • 用积木搭建结构
对称	1.G.A.3. 把圆和长方形分成两等份和四等份，用"一半""1/4""第四"等词进行描述。	• 建构积木 • 用积木搭建道路 • 绘画 • 折叠毯子和娃娃的衣服
模式	M.P.7. 寻找并利用结构。	• 创造形状项链 • 连接链条 • 画画
空间关系与关系	K.G.B.5. 仿照现实世界中多种多样的形状，建构多种形状。 2.G.A.3. 认识到相同整体的同等小份不一定具有相同的形状。	• 折叠毯子 • 玩积木 • 建构 • 用积木填充空间 • 玩图案积木 • 拼拼图

附录 B　用于识别非正式数学学习的词汇

• 数字	• 在……前面	• 用光
• 序数	• 后面	• 形状词
• 更多	• 旋转	• 更大
• 更少	• 在这里	• 更小
• 相等	• 上面	• 太多
• 相同	• 下面	• 再试一次
• 减去	• 合计	• 不适合
• 向前	• 总数	• 成功 / 失败
• 向后	• 无	

附录 C 观察表

活动区：		时间：	
寻找数学活动			
计数集合中的物体＿＿＿＿＿＿	探究重量、长度、高度	使用形状的名称	
背诵数数到＿＿＿＿	比较测量对象	用词语描述形状属性	
说出总数	使用工具进行测量	组合和分解形状	
使用相同、更多、更少	使用方向性语言（如上面、下面、前面等）		
快速识别集合中物体的数量			
儿　　　童			
姓名：	姓名：	姓名：	姓名：

参 考 文 献 *

Bakhtin, M. M. (1990). *Art and answerability: Early philosophical essays*. M. Holquist & V. Liapunov(Eds.), & V. Liapunov (Trans.). Austin, TX: University of Texas Press.

Borko, H., Mayfield, V., Marion, S., Flexer, R., & Cumbo, K. (1997). Teachers' developing ideas and practices about mathematics performance assessment: Successes, stumbling blocks, and implications for professional development. *Teaching and Teacher Education, 13*(3), 259–278.

Burghardt, G. M. (2011). Defining and recognizing play. In A. Pelligrini (Ed.), *The Oxford handbook of the development of play* (pp. 9–18). New York, NY: Oxford University Press.

Caldera, Y. M., Culp, A. M., O'Brien, M., Truglio, R. T., Alvarez, M., & Huston, A. C. (1999). Children's play preferences, construction play with blocks, and visualspatial skills: Are they related? *International Journal of Behavioral Development, 23*, 855–872.

Casey, B., Andrews, N., Schindler, H., Kersh, J. E., Samper, A., & Copley, J. (2008).The development of spatial skills through interventions involving block building activities. *Cognition and Instruction, 26*(3), 269–309.

Casey, B., Erkut, S., Cedar, I., & Young, J. M. (2008). Use of a storytelling context to improve girls' and boys' geometry skills in kindergarten. *Journal of Applied Developmental Psychology, 29*(1), 29–48.

Casey, B., Kersh, J. E., & Young, J. M. (2004). Storytelling sagas: An effective medium for teaching early childhood mathematics. *Early Childhood Research Quarterly, 19*, 167–172.

---

* 为了环保，也为了节省您的购书开支，本书参考文献不在此一一列出。如果您需要完整的参考文献，请通过电子邮箱 1012305542@qq.com 联系下载，或者登录 www.wqedu.com 下载。您在下载中遇到问题，可拨打 010-65181109 咨询。